全国职业教育“十三五”规划教材·城市轨道交通类

城市轨道交通车辆电器

（修订本）

主　编　刘　敏　郑中元
副主编　周秀梅　刘柱军　刘　燕　赵楠楠
主　审　吴德鑫

北京交通大学出版社
·北京·

内容简介

本书内容共分5章，主要内容有车辆电器概述、车辆控制类电器、车辆牵引系统电器、车辆辅助电源系统电器、车辆传感器与检测装置。

本书的编写思路是从城市轨道交通车辆电气控制原理入手，首先使读者对车辆电器建立整体的认识，然后再由面到点，逐一介绍各电器的作用、结构、原理及应用等具体内容，这样既能提高认知的针对性，又能更好地促进对后续课程的学习，从而达到事半功倍的效果。

本书可供中职、高职类城市轨道交通车辆驾驶专业和车辆检修专业的学生使用。

图书在版编目（CIP）数据

城市轨道交通车辆电器 / 刘敏，郑中元主编. —北京：北京交通大学出版社，2019.8（2021.1修订）

全国职业教育“十三五”规划教材 • 城市轨道交通类

ISBN 978-7-5121-4003-5

Ⅰ. ① 城… Ⅱ. ① 刘… ② 郑… Ⅲ. ① 城市铁路–铁路车辆–电气设备–职业教育–教材 Ⅳ. ① U239.5

中国版本图书馆CIP数据核字（2019）第164655号

城市轨道交通车辆电器
CHENGSHI GUIDAO JIAOTONG CHELIANG DIANQI

策划编辑：陈跃琴　张　亮
责任编辑：陈跃琴
出版发行：北京交通大学出版社　　电话：010-51686414　　http://www.bjtup.com.cn
地　　址：北京市海淀区高梁桥斜街44号　　邮编：100044
印 刷 者：北京时代华都印刷有限公司
经　　销：全国新华书店
开　　本：185 mm×260 mm　　印张：10.25　　字数：253千字
版　　次：2021年1月第1版第1次修订　　2021年1月第2次印刷
印　　数：2 501～5 000册　　定价：36.00元

本书如有质量问题，请向北京交通大学出版社质监组反映。对您的意见和批评，我们表示欢迎和感谢。
投诉电话：010-51686043，51686008；传真：010-62225406；E-mail：press@bjtu.edu.cn。

前言

《城市轨道交通车辆电器》旨在体现现代职业教育理念，以企业需求为主导，面向城市轨道交通运营企业生产、管理第一线，培养掌握城市轨道交通车辆电器基本理论与技术的高素质技能型人才。本书结合城市轨道交通企业生产实际，以课程知识、能力、素质目标设计教学内容，教、学、做相结合，突出技能培养，提高综合职业素养。

本书可供城市轨道交通车辆驾驶专业与车辆检修专业的学生使用，使学生熟练掌握车辆上各种电器的作用、基本结构和工作原理，从而为学习本专业其他课程做好准备，为以后的实际工作打下坚实的基础。编者在编写本教材的过程中，充分考虑了职业教育的特点，做到文字通俗易懂，内容简洁明了，并配有大量的插图，以满足学生学习的需要。为配合教学需要，每章均配有适量的复习思考题。

本书由济南市技师学院刘敏、郑中元担任主编，济南市技师学院周秀梅、刘燕和黑龙江第二技师学院刘柱军、哈尔滨铁道职业技术学院赵楠楠担任副主编，济南市技师学院的邢艳茹、王静文、郭雅茹、韦忠正、赵欣、李潇雅、贾全杰等多位老师参与了本书的编写工作。青岛地铁集团有限公司运营分公司乘务部吴德鑫对全书进行了审阅、修改与校对。

在本书的编写过程中，编者参阅了大量专业书籍和部分杂志中的专题文章，在此向相关作者表示衷心感谢。同时感谢济南轨道交通集团有限公司、青岛地铁集团有限公司有关专家的专业指导和协助。

由于编者水平与时间有限，书中难免有不足和疏漏之处，欢迎读者批评指正。

刘　敏

2019.5

目录

绪　论

城市轨道交通车辆（也称电动车组或电动列车，简称城轨车辆）作为一种便捷的交通工具，最根本的任务是承载旅客完成由甲地去往乙地的运输任务，整个车辆运行及控制的核心对象是牵引电机，其控制原理如图 0－1 所示，动力电源由变电所送到接触网（通常为 1 500 V 或 750 V 直流电），车辆上的受流器（受电弓）从接触网取得电流并引入车辆内部，供车辆各电气设备使用，车辆牵引传动系统将电流送入位于主牵引箱内的牵引电机（目前应用最为广泛的为三相异步牵引电机），牵引电机把电能转换为机械能，驱动车辆运行，此时电流经过车辆轮对、钢轨及回流装置回到变电所，构成闭合回路。驾驶员可通过操纵驾驶室控制装置来改变牵引电机的转向及转速，从而控制车辆的运行方向及运行速度。

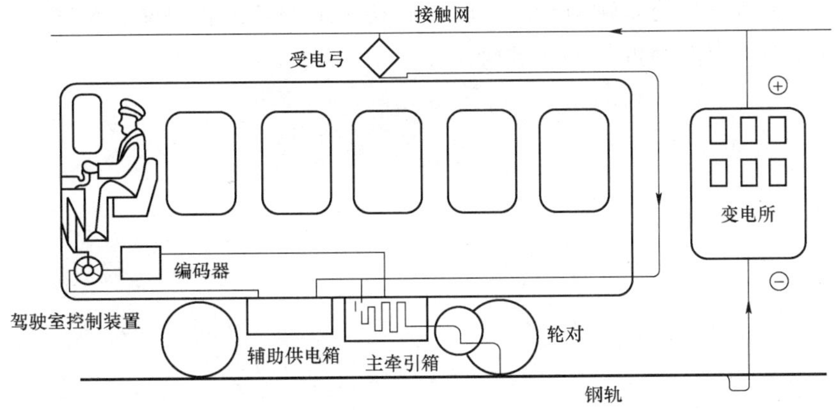

图 0－1　城市轨道交通车辆控制原理

车辆电气系统根据其作用和实现的功能不同可分为三个子系统：牵引系统、辅助系统和控制系统。其中：

① 牵引系统是列车完成运输任务、实现牵引和制动的根本和保障，牵引系统电气设备主要有受流器、避雷器、隔离开关、高速断路器、牵引逆变器、牵引电机和制动电阻等，通常都属于高压设备；

② 辅助系统包括除牵引电机之外的辅助电动机、照明设备等用电设备及其电源，辅助系统电气设备主要有辅助逆变器、隔离变压器、充电机和蓄电池等辅助电源设备及辅助电动机、照明系统等辅助类负载，从电压等级来说，辅助系统电气设备通常为 AC 380 V/220 V 中压设备；

③ 控制系统是列车实现牵引和制动控制相关功能的控制电路系统，通过电气器件的组合

实现一定的逻辑功能，控制系统电气设备主要有司机控制器、主令电器、各类接触器和继电器等，通常为 DC 110 V 低压设备。

职业院校学生在校期间不但要掌握所学知识在车辆中的应用，而且也需要打好扎实的理论基础，为解决应用中可能出现的问题找到依据，所以在职业院校的培训体系中，根据设备的本质原理不同，通常把车辆电气系统分为电机、电器和电气控制三个模块或三门课程来设置。其中：

① 电机是用来实现能量转换的电磁机械设备，如车辆用牵引电机、辅助电动机及变压器等；

② 电器是对电动机及其电源等起到控制、检测或保护作用，为电机工作提供“服务”的电气设备，如受流器、高速断路器、司机控制器等；

③ 电气控制通过机械、电气、电磁、网络等方式使车辆各设备紧密联系起来，使其形成一个统一的整体，共同实现车辆安全、高效运行的最终目标。

综上所述，车辆电气系统三大模块是一个密不可分的有机整体，各模块之间存在相互联系又相互制约的关系，本书虽主要介绍车辆电器，但是又不得不提到车辆电机和电气控制的相关问题，希望读者在学习车辆电器的同时能够切实把握城市轨道交通车辆电气系统这个整体，做到由点及面、由面到点，融会贯通。

第 1 章

车辆电器概述

在电能的应用中，电器的使用非常广泛。城市轨道交通车辆要在既安全又简便的操纵下获得不同运行工况下的良好运行性能，就需要一系列不同性能、不同作用、不同型号的电器可靠地工作。电器的工作贯穿于整个车辆的操作过程。对电路实行通、断控制，对电动机实行起动、制动、正转和反转控制，对用电设备进行过载、短路、过压等故障的保护，在电路中传递、转换、放大电信号或非电信号，自动检测电气设备的电压和电流值，以及控制车门开、关等，都需要不同的电器来完成。

1.1 认 识 电 器

凡是用来根据外界特定信号，手动或自动地接通或断开电路，对电路或非电对象起开、关、控制、保护与检测作用的电工设备，统称为电器。车辆电器的工作特点是：受冲击振动，受大气环境污染，环境温度与湿度变化大，操作频率高，受空间位置的限制等。电器的工作情况往往会影响车辆的运用状态，因此对地铁车辆电器的基本要求是：动作准确可靠，有足够的使用寿命，结构简单、紧凑，便于检修，具有较高的环境适应性。

1.1.1 车辆电器的基本结构

车辆电器种类较多，由于它们作用和应用条件不同，其外形、尺寸、质量以及结构都有很大差异，但基本结构主要包括以下三部分。

① 电磁机构（感应机构）：其主要任务是接收输入信号，输入信号包括电信号（电压、电流、功率等）及非电信号（压力、速度、温度等）。

② 执行机构（触头系统）：其主要任务是接收感应机构传来的信号而动作，以实现变换、控制、保护、检测电路等功能。

③ 灭弧机构（保护机构）：其主要任务是尽快熄灭电器触头在开、断电路时产生的电弧，以保护电器触头不受损伤，从而延长电器使用寿命。

1.1.2 车辆电器的分类

电器种类繁多，应用非常广泛，由于其功能多样，工作原理各异，所以有多种不同的分类方法。

1. 按所在电路分

① 主电路电器：接在动力回路中的电器，如受流器（如图 1－1、图 1－2 所示）、高速断路器、牵引逆变器、制动电阻器、避雷器等。

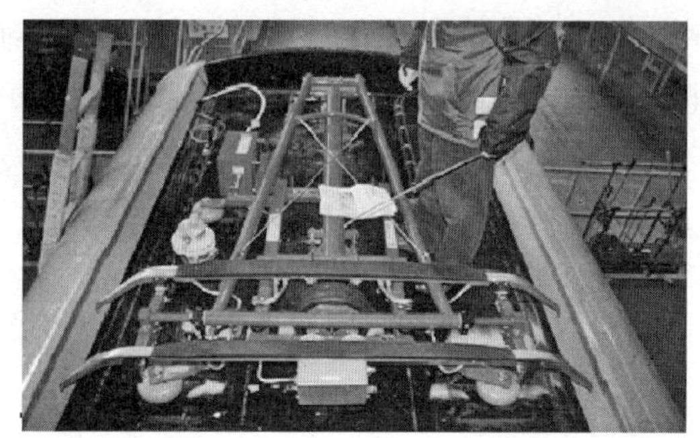

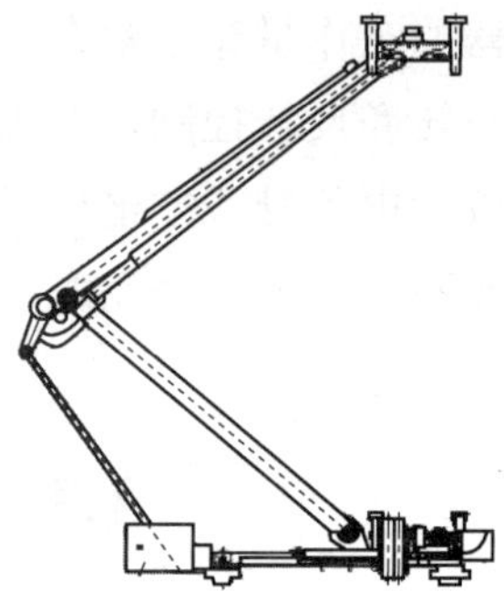

图 1－1 受电弓

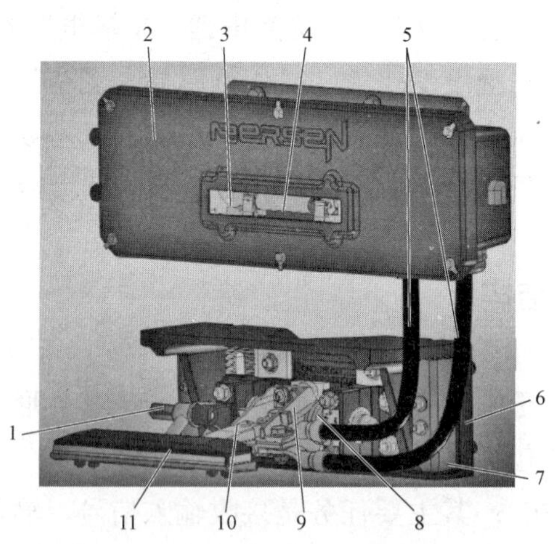

1—启复装置；2—熔断器箱；3—熔断器；4—小熔断器；5—电缆；6—绝缘座；7—保护挡板；8—扭簧；9—受流支撑；10—受流臂；11—碳滑板

图 1－2 集电靴

② 辅助电路电器：接在辅助回路，控制辅助机组、空气压缩机、通风机等设备工作的电器，如交流电磁接触器等。图 1－3 是城轨车辆电气控制柜内部接触器继电器外观图。

图 1－3　城轨车辆电气控制柜内部接触器继电器外观图

③ 控制电路电器：用于操作和控制主电路、辅助电路的电器，如司机控制器（如图 1－4 所示）、继电器、按钮和旋钮开关（如图 1－5 所示）等。

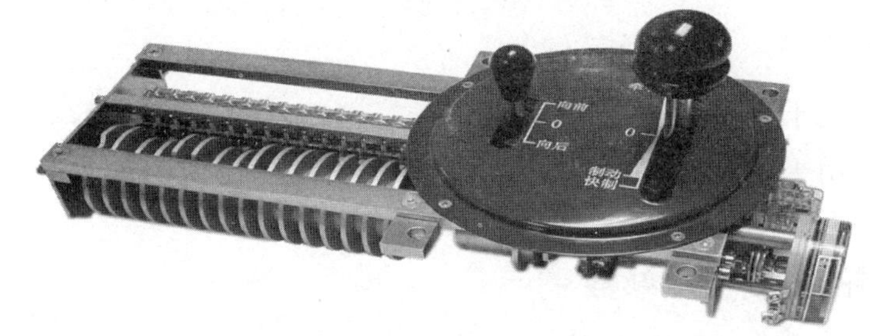

图 1－4　司机控制器

图 1－5　按钮、旋钮开关

2. 按电器用途分

① 控制电器：用于各种控制电路和控制系统的电器，如接触器、各种控制用继电器以及各种高低压隔离开关等。

② 保护电器：用于保护电路、用电设备的电器，如熔断器、热继电器、自动开关、过流继电器、接地继电器、避雷器等。

③ 监测电器：用于监测各种电压、电流信号的电器，如传感器、互感器等。

④ 受流器：用于在接触网或第三轨上受取电流的电器，如受电弓、集电靴等。

3. 按传动方式分

① 手动电器：靠人工操作动作的电器，如各种闸刀开关、按钮、司机控制器等。

② 电磁传动电器：靠电磁铁带动触头动作的电器，如电磁接触器、电磁继电器等。

③ 电空传动电器：靠压缩空气推动触头动作的电器，如电空接触器等。

4. 按执行机构分

① 有触点电器：利用动、静触头的接触和分离来实现电路通断的电器，如闸刀开关。

② 无触点电器：主要利用晶体管的开关效应，即导通或截止来控制电路的阻抗，以实现电路的通断与保护，如电子式时间继电器等。

5. 按电压高低分

① 高压电器：用于高压电路的电器，如高压断路器、隔离开关、电抗器、电压互感器、电流互感器等。

② 低压电器：用于低压电路的电器，如接触器、自动开关、熔断器、继电器、司机控制器等。

6. 按电流种类分

① 直流电器：用于直流电路的电器。

② 交流电器：用于交流电路的电器。

1.1.3 车辆电器的主要技术参数

① 额定电压：在规定条件下，保证电器正常工作的电压值。

② 额定电流：在规定条件下，保证电器正常工作的电流值。

③ 机械寿命：在无负载操作条件下，电器打开或闭合而各零部件无损坏的极限动作次数。

④ 电气寿命：额定负载时，在规定条件下，电器打开或闭合而各零部件无损坏的极限动作次数。

⑤ 额定发热电流：在规定条件下，电器各零部件温升不超过极限值时所能承受的最大电流值。

⑥ 额定持续电流：在规定条件下，电器在长期工作中，各零部件温升不超过规定极限值时所能承受的最大电流值。

1.1.4 车辆电器的发热与散热

1. 基本概念

1）温升

电器在运行中会产生各种损耗，这些损耗转变为热能，其中一部分散发到周围介质中，另一部分会加热电器的零部件，使其温度升高。电器温度升高后，其本身温度与周围环境温度之差，称为温升。

电器的零部件主要由导电材料、导磁材料和绝缘材料等制成。温度升高，发热持续时间过长，会使导电材料的机械强度下降。导电材料的机械强度还与温度升高速度有关。迅速加热、发热时间很短时电器零部件的发热温度极限，比缓慢加热、发热持续时间很长时要高得多。因此，通常规定短路故障时电器各零部件的发热温度极限比正常负载时要高得多。

触头温度升高会使其表面氧化加剧，氧化膜引起接触电阻增加，工作可靠性降低，甚至使触头熔焊而不能正常工作。特别是铜触头，氧化铜膜导电性能差，触头氧化将使接触电阻增大，触头接触处发热加剧，而发热又导致触头进一步氧化，从而形成恶性循环。银触头虽然温度升高时也形成氧化银膜，但氧化银膜导电性能好，而且容易擦除，同时银触头的滑动摩擦力会随温度升高而迅速增加。因此，银触头通常采用无滑动摩擦的结构，而铜触头则需采用滑动摩擦方式以清除触头表面的氧化铜。

2）允许温升

温度过高、发热持续时间过长会使导磁材料的机械强度下降，导磁性能变坏。

绝缘材料的温度过高、发热持续时间过长会使其迅速老化，使用寿命缩短，甚至会使其物质损耗增加，发热更厉害，导致其介电强度下降，严重时还会因引起击穿而损坏。

电器各零部件长期正常工作时的温度不应该超过国家标准所规定的温度极限，否则会降低工作可靠性，缩短使用寿命，甚至会因烧损而导致严重故障。各零部件的工作温度也不应过低，因为温度过低说明没有对该零部件充分利用，导致电器体积大、耗材多、成本高。

保证电器的机械强度、导电性、导磁性以及介质的绝缘性不受危害的极限温度称为发热温度极限。发热温度极限与最高环境温度（我国规定为40℃）之差称为允许温升。

因为电器的工作环境直接影响电器的散热过程。我国国家标准规定最高环境温度为40℃（一般为35℃），即

$$\text{允许温升}=\text{发热温度极限}-40℃$$

2. 电器的发热

电器在工作过程中，电流通过导体会产生电阻损耗，铁磁体在交变磁场作用下会产生磁滞和涡流损耗，绝缘体在交变电场作用下会产生介质损耗，触头通、断电路时会产生高温电弧（电弧电阻损耗），各种缓冲和制动装置也会产生能耗。上述损耗能量会变换为热能使电器发热。常见损耗是电阻损耗、磁滞和涡流损耗，对高压电器还应考虑介质损耗。

1）电阻损耗

（1）直流电流通过导体的电阻损耗。

根据焦耳定律，直流电流通过导体的电阻损耗为

$$W=\int_0^t I^2 R\mathrm{d}t$$

式中：I——通过导体的直流电流，A；

R——导体电阻，Ω；

t——通电时间，s。

通常导体电阻随温度的升高而增加。

（2）交流电流通过导体的电阻损耗。

交流电流通过导体产生交变磁通，导体中心部分的交变磁通比其表面部分多，交变磁通感应电势和电流，用以阻止原电流磁场变化，因而使导体中心部分电流密度减小，导体表面部分电流密度增大，产生所谓的集（趋）肤效应。

当两导体平行且靠得很近时，导体中的交流电流产生的交变磁通彼此耦合，使导体截面中电流分布不均匀，产生所谓的邻近效应。

① 集肤效应。

影响导体电流分布不均、产生集肤效应的因素有电流频率、导体几何形状、导体的电导率与磁导率等。

交流电流通过导体时，单位长度的电阻损耗功率为

$$P_N = \int_S j^2 \rho \mathrm{d}S = I_N^2 R_N$$

式中：j——实际电流密度，A/m^2；

ρ——导体材料电阻率，Ω·m；

S——导体截面面积，m^2；

I_N——交流电流有效值，A；

R_N——导体单位长度交流等效电阻，Q/m。

② 铁磁物质载流导体的集肤效应。

铁磁物质载流导体的集肤效应是指当交流电流（有效值为 I_N）通过铁磁导体时，单位长度的电阻损耗功率。

2）*磁滞和涡流损耗*

载流变化的导体穿过法兰盘、螺母等铁质零部件时，在铁质零部件中产生交变磁场，引起磁滞、涡流损耗，使其温度升高。要准确计算铁损耗是非常困难的，通常进行近似估算。

交流电器中常采用硅钢片叠成导磁铁芯。铁芯中的磁滞、涡流损耗与电流频率、铁芯磁感应强度的幅值等有关，通常是根据试验曲线近似计算铁芯中的铁损。

磁滞与涡流损耗计算公式如下：

$$P = \left[\sigma_C \frac{f}{100} + \sigma_W \left(\frac{f}{100}\right)^2\right] B_m^2 \times 10^{-8}$$

式中：P——铁磁材料的损耗，W/kg；

σ_C——磁滞损耗系数；

σ_W——涡流损耗系数；

f——电源频率，即磁通频率，Hz；

B_m——磁通密度幅值，Wb/m^2。

3）介质损耗

介质损耗是电介质在交变电场作用下的损耗功率。

在低压电器中，电压 U 很低，电介质中的电场强度不大，电介质损耗很小，通常可以不考虑。在高压电器中，电压 U 很高，电介质中的电场强度很大，必须考虑电介质损耗及其产生的热量，以免因过热而使绝缘材料老化加速，甚至引起热击穿而损坏器件。

3. 电器的散热

发热和散热同时存在于电器的工作过程中。在使用电器时，既要减少损耗和发热，又要增强散热。电器的散热方式有热传导、热对流和热辐射。

1）热传导

热传导是指发热体的热量由较热部分向较冷部分传播，或由发热体向与它接触的温度较低的物体传播。热传导是通过物体分子的热运动传播热量的，它是固体传热的主要方式，特别是金属内自由电子的扩散，加速了热量的传播。热传导也可在气体和液体中进行，此时热量是借助原子和分子的扩散以及弹性波的作用进行传播的。

2）热对流

热对流是指借流体（气体或液体）的运动而传递热量，热量的转移和流体本身的转移结合在一起。根据流体流动的原因，对流分为自然对流和强迫对流。自然对流是靠近发热体的流体被加热而温度升高，密度减小，流体的热质点与冷质点的密度差使热质点上升，冷质点填充热质点的位置，此过程不断进行，形成流体自下而上运动，带走发热体的热量。强迫对流是在外力（如通风机、液力泵等）作用下强迫流体运动，带走发热体的热量。机车电机、电器因受安装位置的限制，广泛采用强迫对流，达到加强散热、缩小体积、减轻重量、节约材料、降低成本的目的。

对流散热与流体的物理参数（如流体的热容量、热导率、密度等）有关，还与流体通道的形状、尺寸、流体流速以及发热体的温度、几何形状、尺寸、布置方式等有关。

3）热辐射

热辐射是发热体的热量以电磁波的形式转移的过程。热辐射能在真空或气体中传递热量，但不能在固体和液体物质中传递热量。热辐射以波长为 0.8～40 μm 的电磁波（红外线）传递的热量最大，波长为 0.4～0.8 μm 的电磁波（可见光）传递的热量最小。

吸收辐射热量最强的物体称为绝对黑体。绝对黑体被加热时，热辐射本领最强。

电器工作时，只要电器温度高于周围介质及接触零件的温度，它便向周围介质散热。所以发热和散热同时存在于电器工作过程中。

电器的散热是以热传导、对流与热辐射三种基本方式进行的。载流导体、线圈等的内部热量主要通过热传导方式传递到表面，表面的热量主要通过对流和热辐射的方式散发到周围介质中。

4. 电器的发热工作制

国家标准规定：电器工作制分为八小时工作制、不间断工作制、短时工作制、断续周期工作制和周期工作制五种。

从电器发热与冷却的观点可将车辆电器的发热工作制分为长期工作制（通电时间 $t_{通} \geqslant 5T$，T 是发热时间常数），短时工作制（通电时间 $t_{通} < 5T$，断电时间 $t_{断} \gg 5T$）和反复短时工作制（通电和断电时间都小于 $5T$）。

1）长期工作制时电器的发热

长期工作制是指电器通电后连续工作到发热稳定，此时温升达到稳定值。八小时工作制、不间断工作制都属于长期工作制。它们的通电时间大于 5 h，温升能达到稳定值，其特点是电器损耗所产生的热量全部散发到周围介质中。

2）短时工作制及过载倍数

短时工作制是指电器通电时间很短，温升未达到稳定就停止工作，并且下一次工作要等到电器冷却到周围介质温度。例如，高速断路器中的分、合闸电磁铁即属于短时工作制情况，它分别仅在分、合闸时短时通电，分、合闸结束时就断电。

由以上分析可得出以下几点：

① 某电器在长期工作制下工作时，其稳定温升达到允许温升。该电器若用于短时工作制，则允许超载运行，这样可使电器得到充分作用。

② 某电器在短时工作制下，其功率（或电流）的过载倍数与其发热时间常数 T 有关。T 越大，功率越小，过载倍数则越高。

3）反复短时工作制

反复短时工作制也称为间断工作制，是指电器在通电和断电周期循环下的工作过程。通电时间内温升未达到稳定值，断电后又不能冷却到周围介质温度。多次重复通电后，电器可能达到稳定温升。

间断工作制的过载倍数与工作周期 t 及发热时间有关，t 越大，过载倍数就越大。

5. 短路时电器的发热

电器在通过工作电流时，在其工作制下，要经受额定电流发热的考验。若电路发生了短路故障，其短路电流远大于额定电流，在保护电器未将故障切除前，电器还必须能承受住一定时间内短路电流的发热考验。由于短路电流持续时间很短，可以认为是绝热过程，即不考虑散热，全部损耗都用来加热电器。

1.2 电器执行机构

有触点电器由执行机构（触头）、灭弧装置、驱动装置、构架及导线等构成。

1.2.1　触头的定义

在电器中，直接接通和断开电路的零件称为触头。触头是成对的，固定不动的叫静触头，可以活动的叫动触头，依靠动触头的动作来实现电路的接通和断开。

1.2.2　触头的分类

1. 按触头在电路中的用途分类

触头可分为主触头和辅助触头。主触头用来接通或断开主要工作电路。辅助触头通常用在小电流的控制电路中，用来使各控制电器按规定的先后顺序闭合和断开，以实现机车运行所要求的某种电气联锁作用，所以辅助触头又称为联锁触头（如图 1－6 所示）。电器在无电状态下（即电磁线圈无电流）断开的辅助触头称为常开触头（又叫正联锁、动合触头），闭合的辅助触头称为常闭触头（又叫反联锁、动断触头）。当电器在有电状态时，则常开触头闭合，而常闭触头断开。

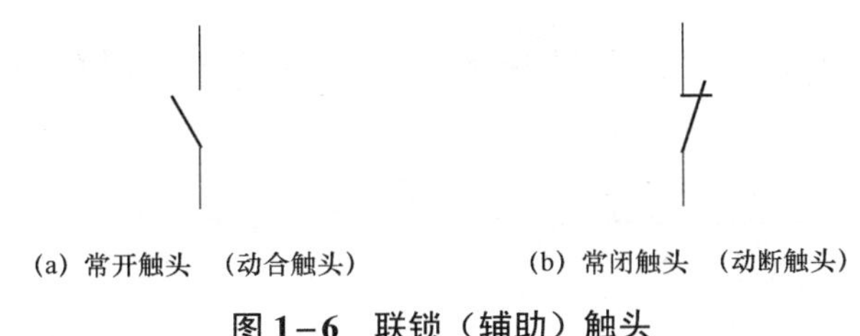

(a) 常开触头　(动合触头)　　(b) 常闭触头　(动断触头)

图 1－6　联锁（辅助）触头

2. 按触头的接触形式分类

触头可分为点接触、线接触和面接触三种，如图 1－7 所示。

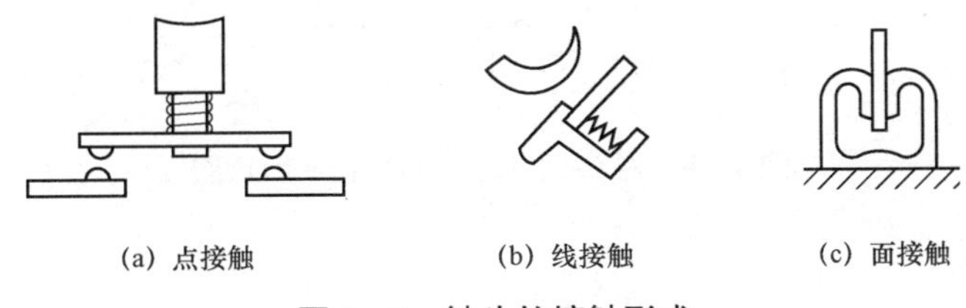

(a) 点接触　　(b) 线接触　　(c) 面接触

图 1－7　触头的接触形式

① 点接触：指两个触头间是点与点的接触，常用于 10A 以下的小电流电器，如继电器触头以及接触器和自动开关的辅助触头。由于接触面积小，保证其工作可靠性所需的接触压力也较小。

② 线接触：指两个触头间是线与线的接触。其接触面积和接触压力均适中，在同一压力

条件下，线接触的接触电阻比点接触低。线接触触头的制造、调整、装配均比较方便，因而得到广泛的应用，常用于几十安至几百安电流的中等容量的电器，如接触器、自动开关及高压开关电器的主触头。

③ 面接触：指两个触头间是平面与平面的接触。其接触面积和触头压力都较大，多用于大电流的电器。此种形式应用较少，仅用于大电流、接触压力大的场合，如大容量的接触器和断路器的主触头、闸刀开关常采用面接触的形式。

3. 其他分类方法

① 按触头工作情况分类，触头有有载开闭和无载开闭两种。

② 按开断点数目分类，触头有单断点式触头和双断点式触头两种。

③ 按结构和形状分类，触头有指形触头和桥式触头等多种。

④ 按触头相互运动状态分类，触头有滑动式和滚动式两种。

1.2.3 触头的参数

1. 触头的结构尺寸

主要是根据触头工作时的发热条件确定，同时要考虑它的机械强度与工作寿命等条件。

2. 触头的开距 s

触头处于断开位置时，动、静触头之间的最小距离 s 称为触头的开距。

3. 触头的超程 r

触头的超程是指触头对完全闭合后，如果将静触头移开，动触头在触头弹簧的作用下继续前移的距离，其示意图如图 1－8 所示。

图 1－8 触头的开距 s 和超程 r 示意图

4. 触头的初压力

触头闭合后，其接触处有一定的压力，称为触头初压力。它是由调节触头弹簧预压缩量来保证的。

5. 触头终压力

动、静触头闭合终了时，触头间的接触压力称为终压力。它是由触头弹簧最终压缩量来决定的。

6. 触头的研距

动触头和静触头接触过程中，触头接触表面既有滚动，又有滑动，这种滚动和滑动的过程称为触头的研磨过程。由研磨所产生的距离称为研距。如图 1－9 所示。

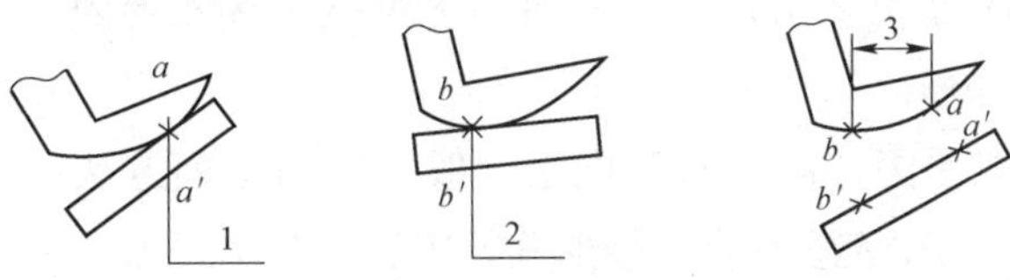

1—开始接触线；2—最终接触线；3—触头研距

图 1－9　触头的研磨过程及研距

1.2.4　触头的接触电阻

1. 接触电阻的产生

1）收缩电阻

当电流通过实际接触面时，电流只从接触点上通过，在这些接触点附近，迫使电流线发生收缩。由于有效接触面积（即实际接触面积）小于视在接触面积，由此产生的附加电阻称为收缩电阻。

2）表面膜电阻

由于种种原因，在触头的接触表面上覆盖着一层导电性很差的薄膜，例如金属的氧化物、硫化物等，其导电性很差。也可能是落在接触表面上的灰尘、污物或夹在接触面间的油膜、水膜等。由此形成的附加电阻，称为表面膜电阻。

2. 影响接触电阻的因素

影响接触电阻的因素很多，有接触压力、触头材料、触头温度、触头表面情况、接触形式及化学腐蚀等。下面主要对前 4 种进行介绍。

1）接触压力的影响

接触压力对接触电阻的影响最大，当接触压力很小时，接触压力微小的变化都会使接触电阻值产生很大的波动。

2）触头材料的影响

触头材料对接触电阻的影响主要决定于触头材料的电阻系数、材料的抗压强度、材料的化学性能等。

3）触头温度的影响

触头的接触电阻与它本身的金属电阻一样，也受温度的影响。随着触头温度的升高，接触电阻增加。

4）触头表面情况的影响

触头表面粗糙会使接触电阻增加。

3. 减小接触电阻的方法

为了避免触头温升超过允许温升，一方面要尽量减小接触电阻；另一方面应具有足够的触头增加散热面积。

根据接触电阻的形成原因，减小接触电阻一般可采用下列方法。

① 增加接触点数目。选择适当的接触形式，用适当的方法加工接触表面，并在接触处加一定的压力，均可使接触点数目增加。

② 选择合适的材料。采用本身电阻系数小，且不易氧化或氧化膜电阻较小的材料作为接触导体，或作为接触面的覆盖层。

③ 触头在开闭过程中应具有研磨过程，以擦去氧化膜。

④ 经常对触头清扫，使触头表面无油污、尘埃，保持干燥。

1.2.5 触头的磨损

1. 触头磨损的原因

触头在多次接通和断开有载电路后，它的接触表面将逐渐产生磨耗和损坏，这种现象称为触头的磨损。触头磨损包括机械磨损、化学磨损和电磨损。

① 机械磨损是在触头闭合和打开时的研磨和机械碰撞所造成的，它使得触头接触面产生压皱、裂痕或塑性变形和磨损。

② 化学磨损是由于周围介质中的腐蚀性气体或蒸汽对触头材料侵蚀所造成的，它使得触头表面形成非导电性薄膜，致使接触电阻变大，且不稳定，甚至完全破坏了触头的导电性能。

机械磨损和化学磨损一般很小，约占全部磨损的 10%。

③ 电磨损。触头的磨损主要取决于电磨损。在触头闭合电路时产生的电磨损，主要是由触头碰撞引起的振动所产生的，在触头开、断电路时所产生的电磨损，主要是由高温电弧造成的。

2. 减小触头电磨损的方法

1）减小触头开、断过程中的磨损

① 合理选择灭弧系统的参数。

② 对于交流电器（如交流接触器），宜采用去离子栅灭弧系统，利用交流电流通过自然零点时不再重燃的特性而熄弧，减小触头的电磨损。

③ 采用熄灭火花的电路减小触头的电磨损。这种方法就是在弱电流触头电路中，在触头上

并联电阻、电容，以熄灭触头上的火花。这种火花熄灭电路对开、断小功率直流电路很有效。

④ 正确选用触头材料。例如，钨、钼的熔点和汽化点高，因此钨、钼及其合金具有良好的抗磨损特性。

2）减小触头闭合时的磨损

触头闭合时的磨损主要是由于触头在闭合过程中的振动所引起的。因此，为了减小触头的电磨损，必须减小触头的机械振动。

1.2.6 触头的振动

1. 产生振动的原因

触头在闭合过程中，触头间的碰撞、触头间的电动斥力和衔铁与铁芯的碰撞都可能引起触头的机械振动。

2. 减小振动的方法

为了提高触头的使用寿命，必须减小触头的振动。减小触头振动有如下几种方法：

① 使触头具有一定的初压力；

② 降低动触头的闭合速度，以减小碰撞动能；

③ 减小动触头的质量，以减小碰撞动能，从而减小触头的振幅；

④ 对于电磁式电器，减小衔铁和静铁芯碰撞时引起的系统的振动，以减小触头的二次振动。其方法是吸力特性与反力特性有良好的配合及铁芯具有缓冲装置。

1.2.7 触头的材料

触头所采用的材料关系到触头工作的可靠性，尤其是对触头磨损影响甚大。根据各种电器的任务和使用条件的不同，对触头材料性能的要求亦不同，一般要求如下。

① 电气性能：要求材料本身的电阻系数小，接触电阻小，且在长期工作中能保持稳定；要求电弧的最小电流大和最小电压高，电子逸出功率及游离电位大。

② 热性能：要求熔点高，导热性好，热容量大。

③ 机械性能：要有适当的强度和硬度，耐磨性好。

④ 化学性能：要具有很好的化学稳定性，在常温下不易氧化，或者氧化物的电阻尽量小，耐腐蚀。

此外，还要考虑材料的可加工性能好，价格便宜，经济适用。但实际上是不可能同时满足以上各项要求的，而只能根据触头的工作条件及负荷的大小，满足其主要的性能要求。

触头材料分为三大类，即纯金属、合金和金属陶冶材料。

1.3 电器的传动装置

传动装置是有触点电器的主要组成部件，其作用是驱动电器触头按一定的要求进行可靠的分合。在有触点电器中，其传动装置主要采用电磁传动装置和电空传动装置。

1.3.1 电磁传动装置

1. 基本组成

电磁传动装置是一种通过电磁铁把电磁能转变成机械能来驱动电器触头动作的机构。

电磁铁主要由吸引线圈和磁系统两部分组成。磁系统一般由铁芯、磁轭和衔铁三部分组成，如图 1－10 所示。

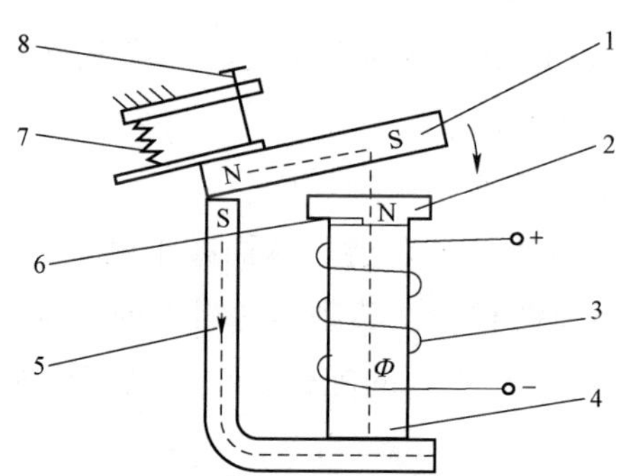

1—衔铁；2—极靴；3—线圈；4—铁芯；5—磁轭；
6—非磁性垫片；7—反力弹簧；8—调节螺钉

图 1－10 电磁铁

2. 分类

（1）按吸引线圈通电电流的性质，可分为直流电磁铁和交流电磁铁。

（2）按吸引线圈与电路的连接方式，可分为并联电磁铁和串联电磁铁。

（3）按衔铁的运动方式，可分为直动式电磁铁和转动式电磁铁。

（4）按磁系统的结构形状，可分为 U 形、E 形和螺管形。图 1－11 中，（a）（g）为 U 形，（b）（c）为螺管形，（d）（e）（f）均为 E 形。

3. 工作原理

当线圈接通电源后，电流流过线圈将产生一个磁场，于是在铁芯和衔铁间产生一定的电磁吸力。当电磁吸力大于反力弹簧弹力时，衔铁被吸向铁芯，驱动电器的动触头动作。当线圈中的电流减小或断开时，铁芯中的磁通变小，吸力随之减小，当吸力小于反力弹簧的弹力时，衔铁就在反力弹簧的作用下返回原来位置，动触头恢复。

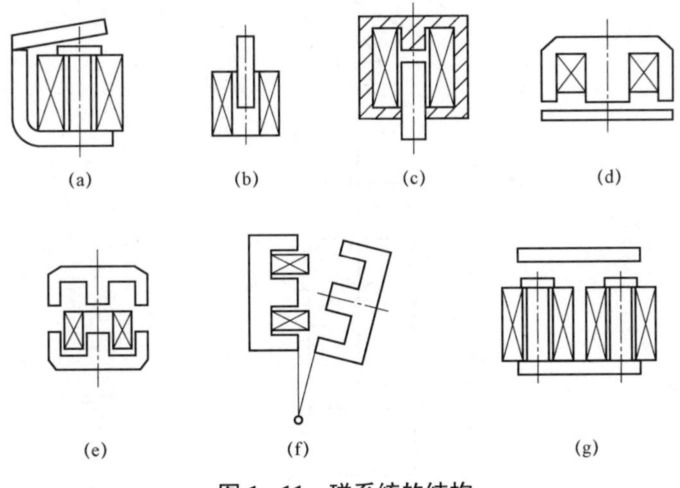

图 1－11 磁系统的结构

4. 吸力特性

吸力特性是指电磁线圈磁势一定时，作用在衔铁上的电磁吸力 F 与衔铁在空间相对于铁芯的位置 δ（或称工作气隙）的关系。当电磁驱动装置工作时，无论是衔铁由释放状态到吸合状态，还是由吸合状态到释放状态，作用在衔铁上的电磁吸力和工作气隙都在变化。工作气隙越大，工作气隙磁阻 R_δ 也越大，工作气隙磁通 Φ 就越小，电磁吸力也越小。

1.3.2 电空传动装置

电空传动装置是以电空阀控制的压缩空气为动力，驱使触头按规定动作的执行机构，它主要由电空阀和压缩空气传动装置组成。

1. 电空阀

电空阀借电磁吸力来控制压缩空气管路的导通或关断，从而达到远距离控制气动器械的目的。电空阀由两大部分组成，上半部分是拍合式的电磁装置，由线圈、磁轭、衔铁等组成；下半部分为电空阀阀门。城市轨道交通车辆电器使用的电空阀通常为闭式电空阀，其工作原理如图 1－12 所示：当线圈未通电时，在弹簧及压缩空气的作用下，下阀门关闭，上阀门打开，压缩空气不能进入传动气缸，此时传动气缸与大气相通。当线圈得电时，在电磁吸力的作用下，衔铁带动阀杆下移，使上阀门关闭，下阀门打开，此时传动气缸与大气间的通路被截断，打开了气源与传动气缸之间的通路，压缩空气即可进入传动气缸。

电空阀是电空传动机构中的一个重要元件，在运行中发生故障时，应分清是电磁方面的原因，还是气阀方面的原因。电磁方面的故障常表现在衔铁不吸合，此时应检查衔铁动作是否灵活、是否有卡滞现象、线圈是否断线、吸合电压是否正常等。气阀方面的故障经常表现为漏气，原因可能是有污垢、砂子等。

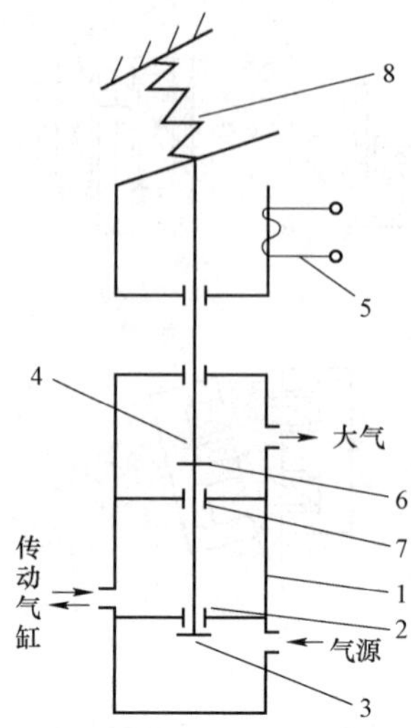

1—阀体；2—下阀门；3，6—阀块；4—阀杆；5—电磁铁；7—上阀门；8—开断弹簧

图 1－12 闭式电空阀工作原理

2. 压缩空气传动装置

压缩空气传动装置有气缸式传动和薄膜式传动两种。

1）气缸式传动装置

气缸式传动装置有单活塞式和双活塞式之分，其工作原理分别如图 1－13 和图 1－14 所示。

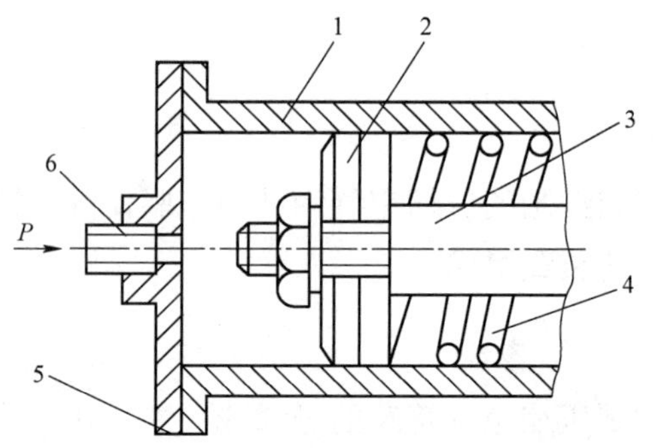

1—气缸；2—活塞；3—活塞杆；4—弹簧；5—气缸盖；6—进气孔

图 1－13 单活塞气缸传动装置工作原理

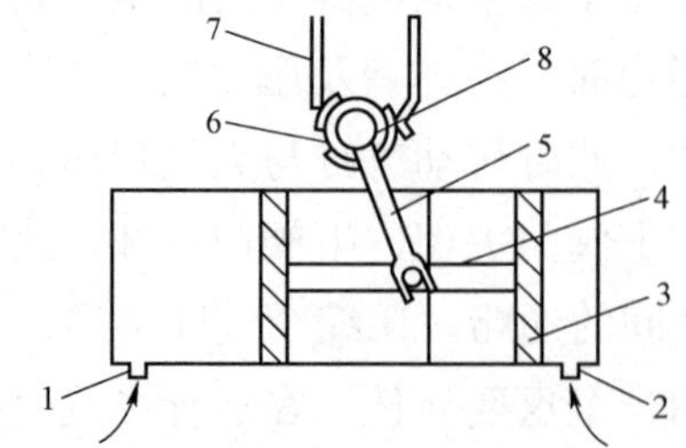

1，2—气口；3—活塞；4—活塞杆；5—曲柄；6—转鼓；7—静触头；8—动触头

图 1－14 双活塞气缸传动装置工作原理

2）薄膜式传动装置

薄膜式传动装置工作原理如图 1－15 所示：当气孔进入压缩空气时，压迫薄膜，克服弹簧张力，使活塞杆右移，带动触头动作。反之，则触头在弹簧的作用下打开。

其特点是：动作灵活，摩擦力和磨损较小。加工制作及维修方便。但活塞杆行程短，在低温条件下，薄膜易开裂，需经常更换。

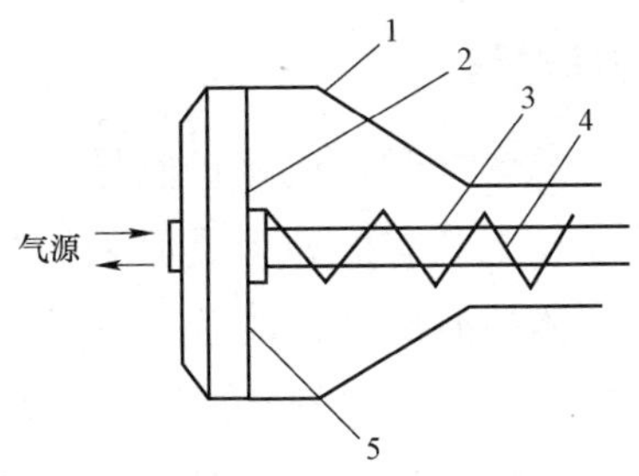

1—阀体；2—活塞；3—活塞杆；4—分断弹簧；5—橡胶薄膜

图 1－15　薄膜式传动装置工作原理

1.4　电弧及灭弧装置

1.4.1　概述

1. 电弧的定义及产生

电弧是气体放电的一种形式。气体放电分为自持放电与非自持放电两类，电弧属于气体自持放电中的弧光放电。试验证明，当在大气中开断或闭合电压超过 10 V、电流超过 0.5 A 的电路时，在触头间隙（或称弧隙）中会产生一团温度极高、亮度极强并能导电的气体，称为电弧。

气体通常是不导电的，在触头刚开始分离时，接触面积逐渐减小，触头的接触电阻增大，电流密度也逐渐增大，触头表面的温度逐渐升高。而触头刚分离时，线路电压加在触头间极小的空隙，形成很强的电场。由于高温、强电场的作用，触头金属内部的电子便脱离金属表面向外发射。这些从金属表面发射出来的电子，在电场力的作用下向阳极快速运动，不断撞击中性气体分子，并使其电离，变成自由电子和正离子，并形成连锁反应，在触头间出现大量的电子和正离子。在强电场的作用下，这些电子和正离子做定向移动，便形成了触头气隙中的电流，最终形成电弧。

对于有触点电器而言，电弧产生的高温将烧损触头，使触头表面形成凹坑和尖刺，影响触头继续可靠工作。严重情况下不仅会烧坏电器和附近电气设备，还会引起短路故障，甚至引起火灾。因此，必须了解电弧的基本规律，采取有效措施，尽快地熄灭电器中出现的电弧。

2. 电弧的结构与分类

电弧的结构分为 3 个区域，即近阴极区、近阳极区及弧柱区。

电弧按其外形分为长弧与短弧。长、短之别一般取决于弧长与弧径之比。

3. 开断电路时电弧产生的物理过程

当触头开断在触头间隙中有电弧燃烧时，电路仍然导通。这说明此时触头间隙的气体由绝缘状态变成了导电状态。气体呈导电状态的原因是原来的中性气体分解为自由电子和正离子，即气体被电离，此过程称为气体的游离过程，游离有以下几种形式。

① 阴极热发射电子（电子热发射）：高温炽热的阴极表面会向空间发射电子。

② 阴极冷发射电子（强电场发射）：在动、静触头分离的瞬间，由于触头间隙很小，触头间的电场强度就非常大，使触头材料内部的电子在强电场作用下被拉出来，从而形成了强电场发射。

③ 碰撞游离：从阴极表面发射出来的电子，在电场力的作用下向阳极高速运动，在运动过程中不断地与中性气体分子或原子发生碰撞。当高速运动的电子积聚足够大的动能时，这些原子和分子最外层的电子便脱离原子核的束缚而成为自由电子，失掉电子的那些原子和分子成为正离子，即气体被游离，这一过程称为碰撞游离。

④ 热游离：动能很大的中性气体分子相互碰撞时，被游离而形成自由电子和正离子，这种现象称为热游离。

4. 电弧熄灭的物理过程

当电弧稳定燃烧时，其处在热动平衡状态，此时不可能有电子和离子的积累。这说明电弧中发生气体游离现象的同时还存在一个相反的过程，我们称之为消游离。消游离就是正、负带电粒子中和而变成中性粒子的过程。

消游离的方式分为两类：复合和扩散。复合是带异性电荷的粒子相遇后中和，变成中性粒子的过程。扩散是电弧表面的带电粒子从电弧区转移到周围冷却介质中去的现象。

1.4.2 直流电弧及其熄灭条件

1. 直流电弧的伏安特性

直流电弧的伏安特性是指当直流电弧稳定燃烧时，电弧两端电压与电弧中通过电流的关系，如图 1－16 所示。

图 1－16（a）为实验电路，若在两个铜极之间的空气中有稳定燃烧的电弧，可以通过调节电阻 R 来调节回路电流，分别测量不同电弧电流 I_{DH} 对应的电弧电压 U_{DH}，可描绘其伏安

特性曲线，如图1－16（b）所示。由曲线1可见，触头在分断直流电路时所产生的电弧，相当于在电路中串联了一个非线性电阻。当电弧电流 I_{DH} 增加时，电弧电压 U_{DH} 就减少。在普通电路中，当电流增加时，电阻上的电压也会增加，这是因为电路中的电阻值不变。但在弧隙中，电弧电阻是随着电弧电流而变化的。其原因是当电弧电流增加时，电弧内的游离作用越来越强，离子浓度越来越大，使弧隙中电阻大大下降，从而使维持电弧稳定燃烧所需的电压也相应减小；反之，当电弧电流减小时，弧隙中电阻增加，而维持电弧稳定燃烧所需的电压也相应增大。

根据电弧电流变化的快慢，伏安特性有动、静伏安特性之分。所谓静伏安特性曲线是指曲线上每一点都是在电弧稳定燃烧状态下测得的，如图1－16（b）中曲线1所示。而动伏安特性曲线是指在电弧电流高速变化情况下测得的特性曲线，如图1－16（b）中曲线2、3所示。若从 b 点开始快速减小电弧电流，可测得伏安特性曲线2；若从 a 点快速增加电弧电流，可测得伏安特性曲线3。

由图中可见，曲线1、2、3并不重合，这是弧隙间离子运动热惯性作用的结果。因为在某一电流值时，弧隙电压不仅与此时的游离程度有关，而且与变化前的游离状态有关。当电流迅速增加，以至于弧隙的游离作用来不及跟上电流的变化时，对应静伏安特性的每一个电流值的弧隙游离程度低，相应点的电弧电阻大，电弧电压也就高。此时伏安特性曲线3在静伏安特性曲线1的上方。反之，当电流迅速减小，以至于弧隙中消游离作用跟不上电流的变化时，对应静伏安特性曲线的每一个电流值的弧隙游离程度高，相应点的电弧电阻小，电弧电压也就低。因此，此时的伏安特性曲线2就处于静伏安特性曲线1的下方。

静伏安特性曲线1与纵轴的交点处的电压称为燃弧电压，用 U_R 表示，所谓燃弧电压，就是产生电弧所必需的最小电压，若电压低于此值，就不足以点燃电弧。动伏安特性曲线2与纵轴的交点处的电压称为熄弧电压，用 U_S 表示。所谓熄弧电压，就是熄灭电弧所需要的最大电压，若电压高于此值，就不能熄灭电弧。熄弧电压实际上略低于维持电弧燃烧所需的最低电压。当电极的材料和电弧本身的热惯性越大时，U_R 和 U_S 的差值越大。

影响电弧伏安特性的因素主要有以下两个方面。

① 电弧长度的影响（在相同冷却条件下）。当电弧长度改变时，其伏安特性也随之发生相应变化。在同一电流下，电弧的长度增加时，电弧单位长度的电阻不变，电弧拉长后总电阻增加，维持电弧燃烧所需要的电压增大，即整个伏安特性曲线上移，如图1－16（b）中的曲线4所示。所以，在相同的冷却条件下，电弧越长，越易熄灭。

② 冷却条件的影响（在电弧长度相同的条件下）。电弧的伏安特性还与周围的介质温度、灭弧装置本身的冷却条件有关。在良好的冷却和通风条件下，电弧中的复合与扩散就会加强，使消游离作用加强，弧隙间的带电粒子密度减小，弧电阻增加，维持电弧燃烧所需要的电压就提高，使伏安特性曲线上移。所以在电弧长度相同的条件下，冷却条件越好，电弧越易熄灭。

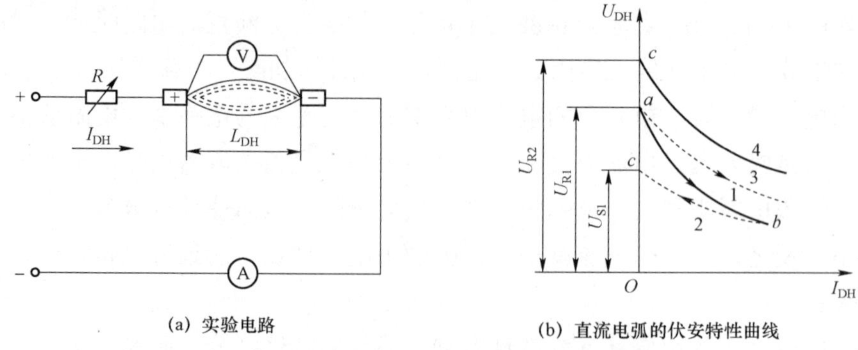

(a) 实验电路　　(b) 直流电弧的伏安特性曲线

图 1-16　直流电弧伏安特性曲线及其实验电路

2. 直流电弧的熄灭

要使直流电弧熄灭，就应加强冷却和拉长电弧，消除稳定燃烧点或电弧两端并联电阻。

1.4.3　交流电弧及其熄灭条件

1. 交流电弧的伏安特性

交流电弧的伏安特性是指在弧长不变时，一个周期内电弧电压 U_{DH} 与电弧电流 i_{DH} 之间的关系，如图 1-17 所示。

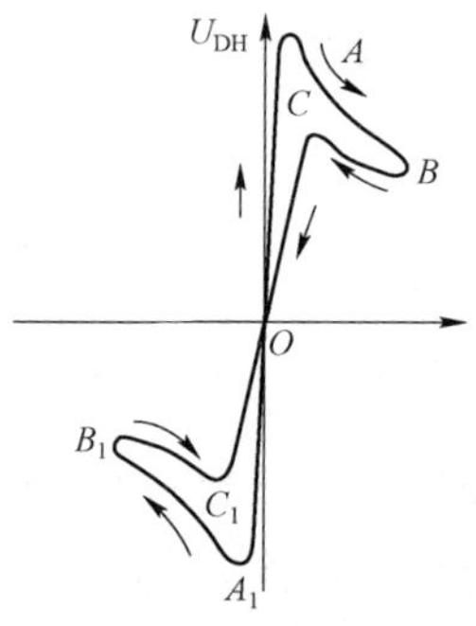

图 1-17　交流电弧的伏安特性

交流电弧电流通过零点时，由于电源停止供给电弧能量，热游离迅速下降，为电弧的最终熄灭创造了最有利的条件，此时只要采取一定的消游离措施，使少量的剩余离子复合，就能防止电弧在下半周重燃，使电弧最终熄灭。因此，交流电弧比直流电弧容易熄灭。我们通常把利用电弧电流自然过零的特点进行的熄弧称为零点熄弧。

2. 交流电弧过零后的物理过程

1）弧隙介质强度的恢复过程

能够承受外加电压而不致使弧隙击穿的电压称为弧隙介质强度。交流电弧过零熄灭后，由于外部条件的变化，弧隙内消游离作用加强，使得原来的导电状态向绝缘介质状态转变，这个转变过程就是介质强度恢复过程。

2）弧隙电压的恢复过程

在交流电路中，电流过零后，弧隙电压逐渐增长，直到恢复电源电压，这一过程中的弧隙电压称为恢复电压。

3）交流电弧熄灭的条件

交流电弧的熄灭条件是：弧隙介质强度 u_{if} 的恢复速度大于弧隙电压 u_{hf} 的恢复速度。如图 1－18 所示。

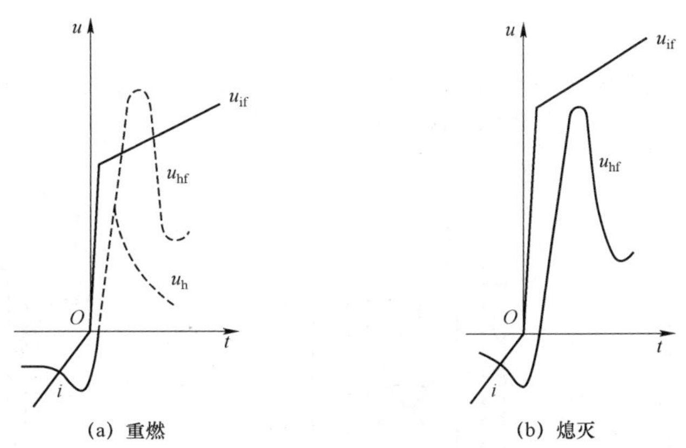

图 1－18　交流电弧熄灭条件

4）交流电弧的熄灭方法

① 交流电弧电流过零是最有利的灭弧时机，这时输入弧隙的功率趋近于零，如果此时电弧散失的功率大于电源输入的功率，电弧就会熄灭。

② 对交流电弧的电路参数而言，电源电压越高，恢复电压峰值也越高，熄弧越困难。

1.4.4　灭弧装置

熄灭电弧的方法很多，例如拉长电弧、降低温度、将长弧变短弧等。一个灭弧装置可以采用某一种方法进行熄弧，但在大多数情况下，则是综合采用几种方法，以增加灭弧效果。

1. 磁吹灭弧

磁吹灭弧是利用外加电动力使电弧拉长以致熄灭的方法，其装置示意图如图 1－19 所示。

2. 灭弧罩灭弧

灭弧罩是让电弧与固体介质相接触，降低电弧温度，从而加速电弧熄灭的比较常用的装置。根据灭弧罩中灭弧室缝的宽度与电弧直径之比可分为窄缝与宽缝。缝的宽度小于电弧直径的称为窄缝，反之，大于电弧直径的称为宽缝。根据缝的轴线与电弧轴线间的相对位置关系不同，灭弧罩可分为纵缝与横缝两种，分别如图 1－20 和图 1－21 所示。

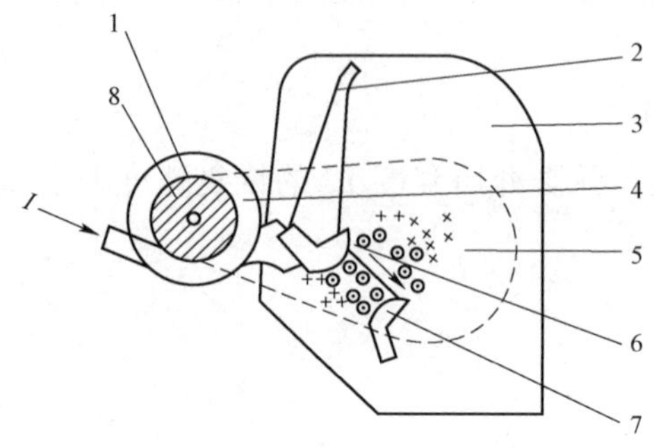

1—磁吹铁芯；2—导弧角；3—灭弧罩；4—磁吹线圈；5—铁夹板；6—静触头；7—动触头；8—绝缘套

图 1－19 磁吹灭弧装置示意图

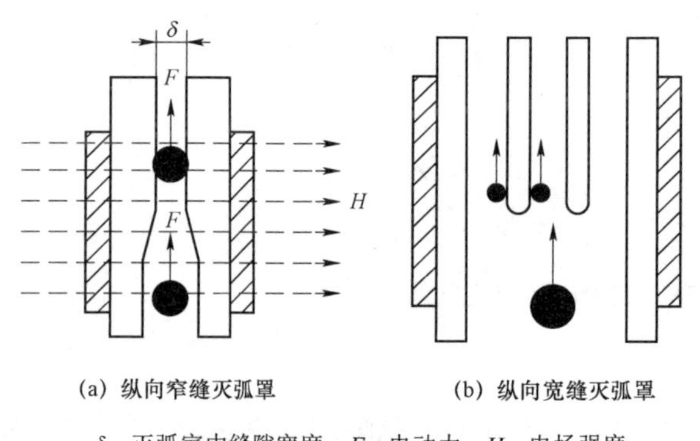

δ—灭弧室中缝隙宽度；F—电动力；H—电场强度

图 1－20 纵缝灭弧罩

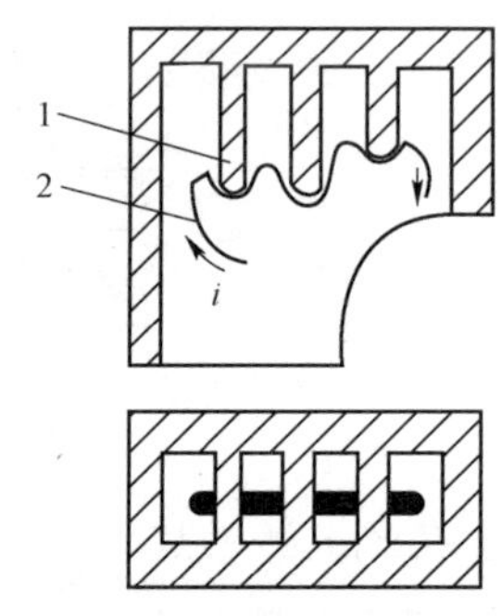

1—横向绝缘栅片；2—电弧

图 1－21 横向绝缘栅片式灭弧罩

3. 油冷灭弧

油冷灭弧是将电弧置于液体介质（一般为变压器油）中，电弧将油汽化、分解而形成油气。油气中主要成分是氢，在油中以气泡的形式包围电弧。氢气具有很高的导热系数，这就使电弧的热量容易散发。另外，由于存在温度差，所以气泡产生运动，又进一步加强了电弧的冷却。若再要提高其灭弧效果，可在油箱中加设一定机构，使电弧发生定向运动，这就是油吹灭弧。由于电弧在油中灭弧能力比大气中大得多，所以这种方法一般用于高压电器灭弧，如油开关。

4. 气吹灭弧

如图 1－22 所示，气吹灭弧是利用压缩空气来熄灭电弧的。压缩空气作用于电弧，可以很好地冷却电弧、提高电弧区的压力、很快带走残余的游离气体，所以有较高的灭弧性能。

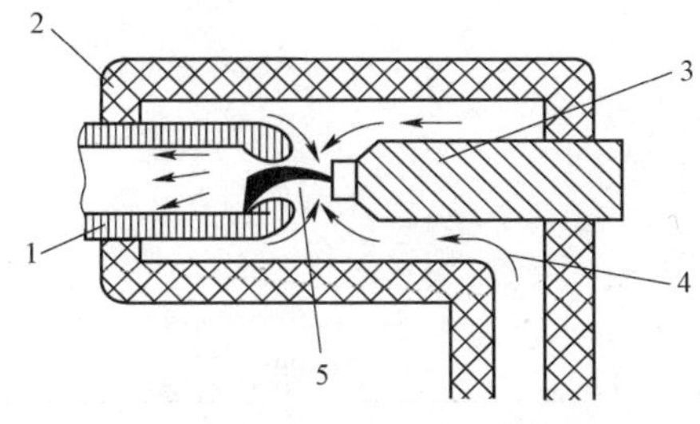

图 1－22　气吹灭弧装置

1—动触头；2—灭弧室瓷罩；3—静触头；4—压缩空气；5—电弧

5. 横向金属栅片灭弧

横向金属栅片又称去离子栅，它利用的是短弧灭弧原理。用磁性材料的金属片置于电弧中，将电弧分成若干短弧，利用交流电弧的近阴极效应和直流电弧的近极压降来达到熄灭电弧的目的，如图 1－23 所示。

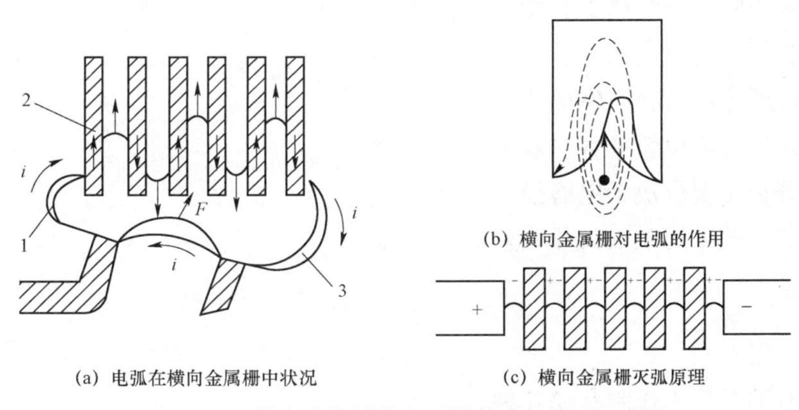

(a) 电弧在横向金属栅中状况　(b) 横向金属栅对电弧的作用　(c) 横向金属栅灭弧原理

图 1－23　横向金属栅片灭弧罩结构、原理示意图

1—入栅片前的电弧；2—金属栅；3—入栅片后的电弧

6. 真空灭弧

真空灭弧是使触头电弧的产生和熄灭在真空中进行，它是依据零点熄弧原理，以真空为熄弧介质的。

在真空中气体很稀薄，电子的自由行程远大于触头间的距离。当真空度为 10～5 mm（1 mm Hg=0.133 322 4 kPa）时，电子的自由行程达 43 m。自由电子在弧隙中定向运动时几乎不会和气体分子或原子相碰撞，不会产生碰撞游离。所以将触头置于真空中，开断电路时产生的电弧则是由于阴极发射电子和产生的金属蒸气被电离而形成的。当电弧电流接近零时，阴极发射的电子和金属蒸气减少，弧隙中残留的金属蒸气和等离子体向周围真空迅速扩散。这样，弧隙可以在数微秒之内由导电状态恢复到真空间隙的绝缘水平。因此，在真空中触头有很高的介质恢复速度、绝缘能力和分断电流的能力。

复习与思考 1

一、填空题

1. 车辆电器按所在电路分，有__________电器、__________电器和__________电器。
2. 电器按用途分，有__________电器、__________电器、__________电器和__________器。
3. 电器按执行机构分，有__________电器和__________电器。
4. 触头按在电路中用途分，有__________和__________。
5. 触头的参数主要有__________、__________、__________、压力和__________。

二、判断题

1. 控制电器都是低压电器。(　　)
2. 电器的 8 小时工作制属于长期工作制。(　　)
3. 电器的执行机构是线圈。(　　)
4. 电器在接通电路时会产生电弧。(　　)
5. 直流电弧比交流电弧更容易熄灭。(　　)
6. 触头的磨损主要取决于电磨损。(　　)
7. 交流电器一般采用磁吹灭弧装置。(　　)

三、叙述题

1. 什么是电器？
2. 车辆电器的常见工作制有哪几种？
3. 简述车辆电器的基本结构组成及作用。
4. 简述温升和允许温升的定义。
5. 简述电器在不同工作制下的发热情况。
6. 简述电器的三种散热方式及其工作原理。
7. 简述触头的分类。
8. 简述触头的接触电阻产生的原因并提出减小接触电阻的方法。
9. 简述触头的主要参数及作用。
10. 简述减少触头电磨损的方法。
11. 简述交流电弧的产生与熄灭的物理过程。

四、综合题

1. 分析触头振动的原因并提出减少振动的方法。
2. 画图并说明电磁传动装置的工作原理。
3. 画图并说明闭式电空阀的工作原理。

第 2 章 车辆控制类电器

城市轨道交通车辆中用于控制和操作主电路、辅助电路的电器称为控制电路电器，如继电器、接触器、低压断路器、主令电器、司机控制器等，都是城市轨道交通车辆控制系统中不可缺少的电器设备，本章主要介绍它们的作用、结构、图形及文字符号、工作原理等知识。

2.1 继 电 器

2.1.1 概述

1. 继电器的定义及其组成

继电器是一种根据电学物理量（如电压、电流）或非电物理量（如热、时间、压力、速度等）的变化来接通或断开控制电路，以实现自动控制和保护设备功能的，即根据某一输入量来换接执行机构的自动电器。其主要用于控制电路中，用来反映各种控制信号。

任何一种继电器，不论它的动作原理、结构形式、使用场合如何千差万别，都是根据外界输入的一定信号来控制电路中电流的“通”与“断”的，这就是继电器的共性。这种共性说明，任何一种继电器，为了完成它的特定使命，不论形状、动作原理有何不同，均可认为是由测量机构、比较机构和执行机构所构成的，其工作原理框图如图 2－1 所示。

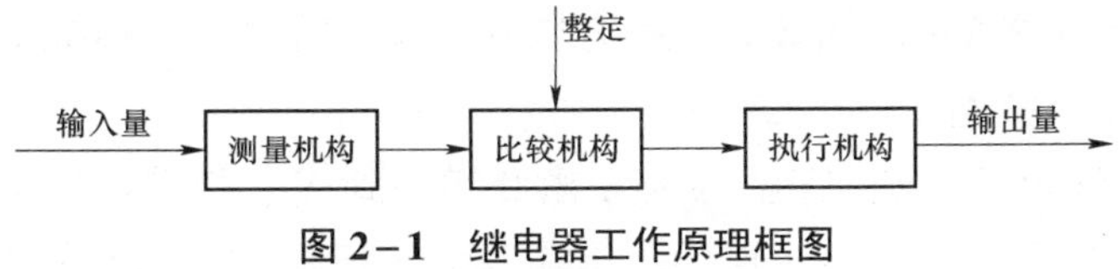

图 2－1　继电器工作原理框图

测量机构的作用是测量输入量并进行相应的物理量转换。如电磁继电器的测量机构是线圈和铁芯构成的磁系统，用来测量输入量的大小，并在衔铁上将输入量转换成相应的电磁吸力。

比较机构的作用是将输入量与其预设的整定值进行比较，根据比较的结果决定执行机构是否动作。如当电磁继电器的电磁力大于反力弹簧拉力时，衔铁吸合，触头动作，有输出；当电磁力小于反力弹簧拉力时，衔铁不吸合，触头不动作，没有输出。

执行机构的作用是根据比较结果执行动作。对有触点电器而言，执行机构就是触头；对无触点电器而言，执行机构一般是晶体管。

2. 继电器的分类

继电器的用途很广，种类繁多，对不同类型的继电器有不同的要求。有时，对同一类型的继电器，也需要从不同的方面去说明它的特性。因此，继电器有很多种分类方法，下面仅根据目前城市轨道交通车辆上使用的情况来分类：

① 按用途分，有控制继电器和保护继电器；

② 按输入物理量的性质分，有电磁式继电器（反映电量的继电器）、机械式继电器（反映非电量的继电器）；

③ 按执行机构的种类分，可分为有触点继电器和无触点继电器；

④ 按输入电流性质分，有直流继电器和交流继电器；

⑤ 按作用分，有电流继电器、电压继电器、时间继电器、中间继电器、压力继电器等。

城市轨道交通车辆上使用的继电器有过载继电器、过热继电器、延时继电器、中间继电器、接地继电器和差动继电器等。

3. 继电器的特点

在城市轨道交通车辆上，继电器一般不直接控制主电路和辅助电路，而是通过接触器或主、辅助电路中的其他电器对主电路及辅助电路进行控制。同接触器相比较，继电器具有以下特点：

① 继电器触头容量小，采用点接触形式，没有灭弧装置，体积和重量也比较小；

② 继电器的灵敏度要求极高，输入、输出量应易于调节；

③ 继电器能反映多种信号（如各种电量、速度、压力等），其用途很广，外形多样；

④ 继电器不能用来开、断主电路及大容量的控制电路。

4. 继电器的继电特性

继电器的输入量与输出量之间的关系称为输入－输出特性，又称继电特性。继电器常开触头的继电特性如图 2-2 所示。

设输入量为 X，输出量为 Y。在输入量 X 由 0 增加到 $X_{动作}$以前，继电器不动作，触头不闭合，被控电路的输出端电压为零（$Y=0$）；当输入量 X 增加到动作参数 $X_{动作}$时，衔铁吸合，触头闭合，接通被控电路，使得输出端的输出量由 0 跳变到最大值 Y_{max}；随着输入量的继续增加，输出量均保持 Y_{max} 不变。如果将输入量逐渐减小，在减小到 $X_{释放}$时，衔铁释放，触头断开，切断被控电路，输出端的输出量立刻由 Y_{max} 跳变到 0；之后随输入量的继续减小，输出量均保持 0 不变。

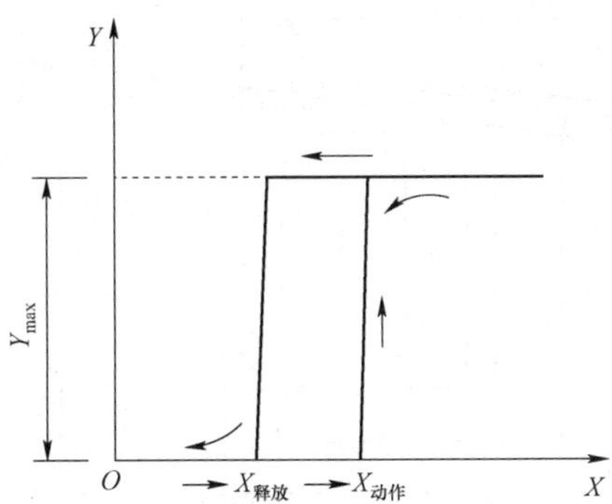

图 2－2　继电器常开触头的继电特性

使继电器动作所需的最小输入量称为继电器的动作参数，用 $X_{动作}$表示；使继电器释放所需的最大输入量称为继电器的释放参数，用 $X_{释放}$表示。继电器释放参数与动作参数的比值称为返回系数，用 K_f表示，即 $K_f=X_{释放}/X_{动作}$。返回系数是继电器的重要参数之一。

由继电特性曲线可知，继电器的继电特性实际上是一种连续输入、跃变输出的特性。

5. 继电器的基本参数

① 额定值：指输入量及输出量的额定值，如额定电压、额定电流等。

② 动作值：能使触点闭合的输入物理量中的最小值，也称整定值。

③ 返回值：能使触点打开的输入物理量中的最大值。

④ 返回系数：继电器的释放参数与动作参数之比。

⑤ 动作值的调整：继电器的动作值（或释放值）的调整，也称继电器参数的整定。对电磁继电器的整定，可通过改变反力弹簧和工作气隙来实现。对电子继电器来说，可改变比较机构的电位器的阻值等来实现。

2.1.2　电磁式继电器

电磁式继电器的测量机构是电磁铁，执行机构是触头，常用于控制电路，如图 2－3 所示。它具有工作可靠、结构简单、易于制造等特点，所以得到了广泛的应用。

电磁式继电器可分为电流继电器、电压继电器、中间继电器、接地继电器和时间继电器等。按照电流的不同，电磁式继电器还可以分为直流电磁式继电器和交流电磁式继电器。电磁式继电器的外观及基本结构示意图如图 2－4 所示。

1. 电流继电器

电流继电器的输入量是电流信号，故使用时电流继电器的线圈与负载电路串联。其特点是线圈匝数少而线径大，阻抗小，分压小，不影响电路正常工作。电流继电器一般接在主回路中，起过流保护作用。电流继电器的外观及结构示意图如图 2－5 所示。

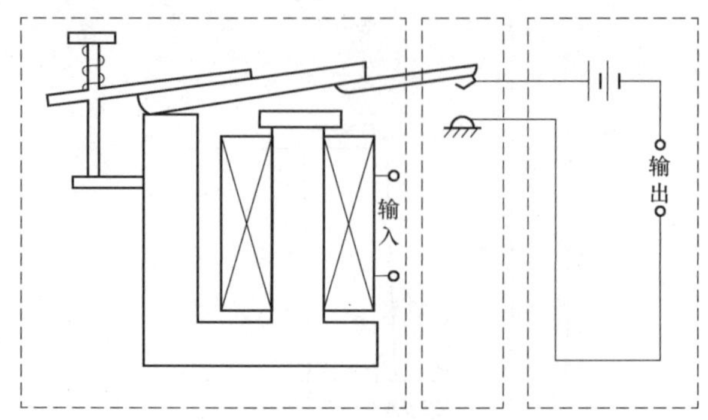

图 2－3　电磁式继电器控制电路

(a) 外观

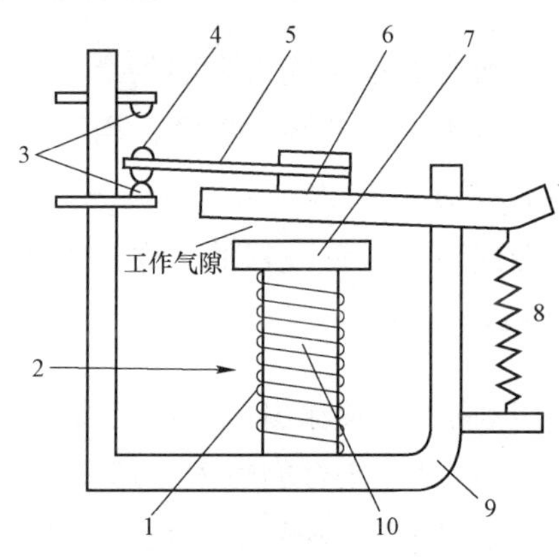

(b) 结构示意图

1—线圈；2—线圈通电；3—静触头；4—动触头；5—簧片；6—衔铁；7—极靴（极帽）；8—反力弹簧；9—铁轭；10—铁芯

图 2－4　电磁式继电器的外观及结构示意图

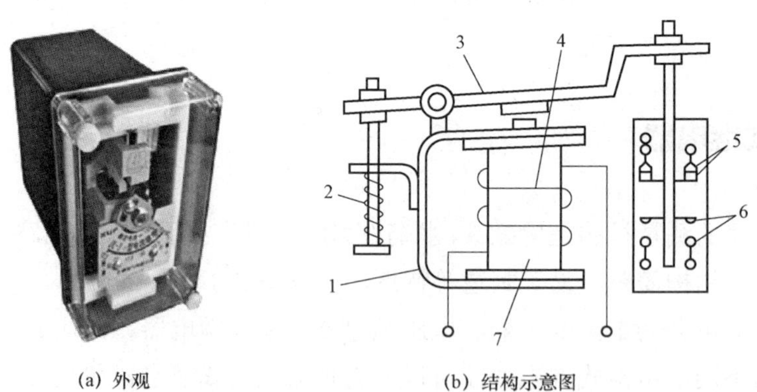

(a) 外观　　(b) 结构示意图

1—磁轭；2—反力弹簧；3—衔铁；4—电流线圈；5—常闭触头；6—常开触头；7—铁芯

图 2－5　电流继电器的外观及结构示意图

在城轨车辆中，由于主回路中有牵引电机这样的负载，在工作过程中发生短路的情况是比较少的，但过流故障却是常有的。例如，牵引电机在大的起动电流下缓慢起动，电动机在反复短时工作制时的操作频率过高，牵引电机长期带负载欠压运行，电动机经常反接、制动等，都易引起电机过载。而过载的出现会对电机的工作及绝缘性能产生较大的影响，甚至会引起重大火灾事故，所以必须加以防护。

电流继电器的文字符号为 KC，图形符号如图 2－6 所示。

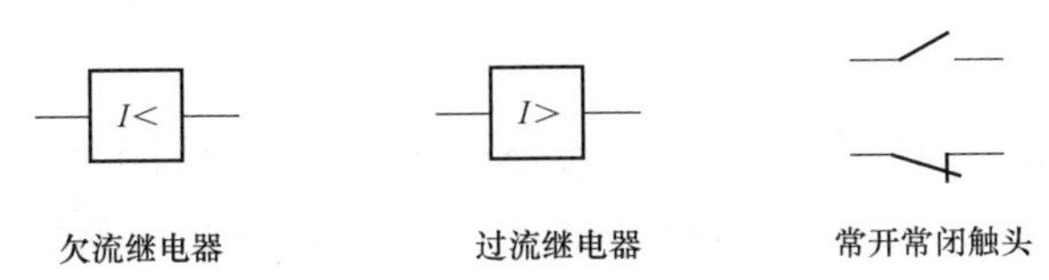

图 2－6　电流继电器图形符号

电流继电器的测量机构为一个拍合式电磁铁。当主回路正常工作时，由于工作电流远小于电流继电器的动作整定值，所以电流继电器处于释放状态，其常闭触头闭合，常开触头断开，主回路正常工作。当线圈中的电流超过整定值后，电磁吸力大于反力弹簧的拉力，静铁芯吸引衔铁动作，使常闭触头断开，切断控制回路，从而保护了主回路。调节反力弹簧，可以调节电流继电器的动作电流值。

2. 电压继电器

电压继电器的输入量是电压信号，线圈匝数多而线径小。使用时电压继电器线圈与负载并联，主要起控制作用。常用的电压继电器有过电压继电器和欠电压继电器。RM4－UA01 型电压继电器的外观及结构示意图如图 2－7 所示。

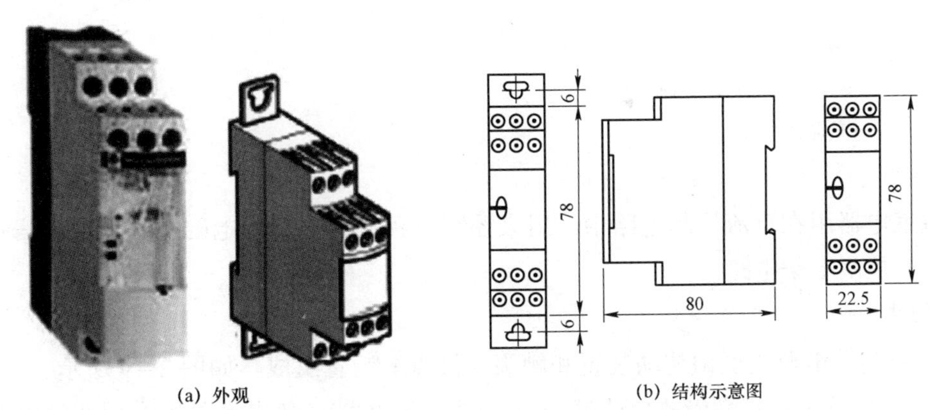

(a) 外观　(b) 结构示意图

图 2－7　RM4－UA01 型电压继电器的外观及结构图

电压继电器的功能：当交流电压或直流电压超过预设的限制值时，电压继电器吸合。其前面板上有一个选择开关，可选择是用于欠压检测还是过压检测。在继电器的前面板上还有一个透明面板，用来防止对设定值的误操作。这个面板可直接封住。

电压继电器的应用：直流电机的超速控制，蓄电池电压的监测，交流电源和直流电源的监测。其测量范围是 50 mV～500 V。

① 过电压继电器在电路电压为额定电压的105%～120%时吸合，对电路实现过电压保护。

② 欠电压继电器在电路电压正常时吸合，当电路电压减小到额定电压的 50%左右时释放，对电路实现欠电压保护。例如，城轨车辆的蓄电池采用欠电压保护继电器，当蓄电池电压低于 77 V 时，欠电压保护继电器释放，以保护蓄电池不受损害。

3. 中间继电器

中间继电器的作用是传递信号或同时控制多个电路，主要用于改变控制电路的工作状态，以增加触点的数目及容量；或用于传递中间信号，实现控制。其动作参数无须调整。中间继电器的文字符号为KA，图形符号如图 2－8 所示。

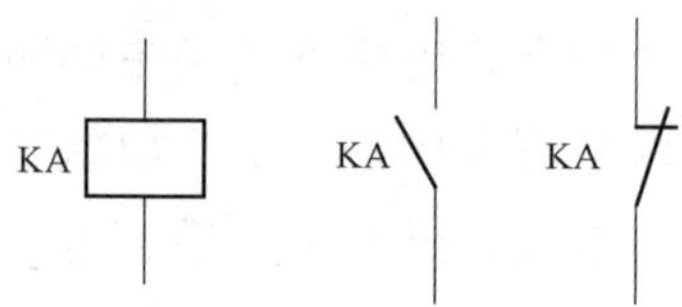

图 2－8　中间继电器的图形符号

以下以 JZ15－44Z 型中间继电器为例对中间继电器进行介绍。

1）型号及含义

JZ15－44Z 型中间继电器是在城轨车辆上普遍使用的一种中间继电器，其中各字符的含义如下：

① J——继电器；

② Z——中间型；

③ 15——设计序号；

④ 44——4 常开、4 常闭触头；

⑤ Z——直流控制。

2）作用

该型继电器用在直流控制电路中，用来控制各种控制电器的电磁线圈，以使信号放大或用一个信号控制多个电路。

3）组成

JZ15 系列继电器主要由传动装置和触头（接点）装置组成，如图 2－9 所示。

① 传动装置由直流螺管式电磁铁构成（螺管直动式），铁芯和线圈布置在继电器中央。为了获得较平坦的吸力特性和足够的开距，铁芯采用锥形止铁。继电器的反力特性依靠动触头支架上的一对拉伸弹簧调节，衔铁上还装有一个手动按钮，以供检查及故障操作使用。

② 触头装置为 8 对双断点桥式触头，分别布置在磁轭两侧。可根据需要任意组合成 2 开 6 闭、4 开 4 闭、6 开 2 闭的方式，但必须注意：两个触头盒中的常开、常闭触点应对称布置。为了防尘和便于观察触点，继电器带有透明的防尘罩。

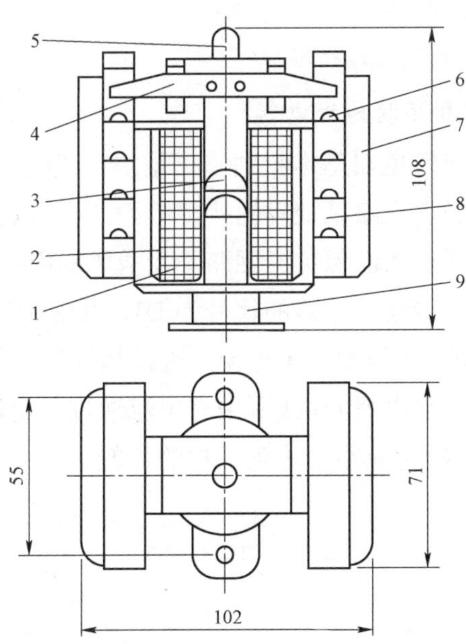

1—线圈；2—磁轭；3—铁芯；4—衔铁；5—按钮；6—触头组；7—防尘罩；8—反力弹簧；9—支座

图 2－9　JZ15 系列继电器结构

图 2－10 为城轨车辆所用的 D–U204 型中间继电器。

（a）外形图

（b）继电器插接状态

（c）继电器接口

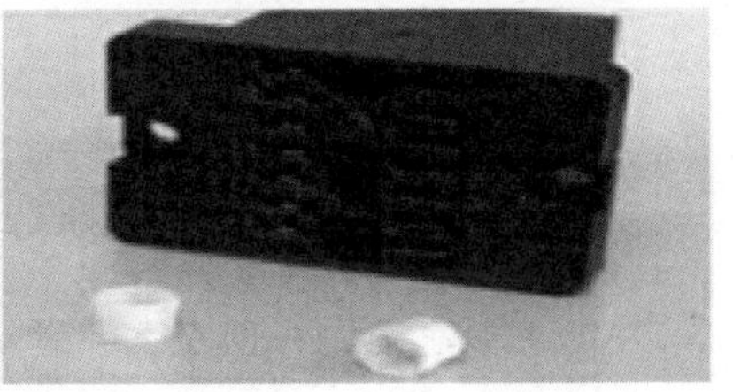

（d）继电器插座

图 2－10　D－U204 型中间继电器

4. 接地继电器

1）制动工况下的接地保护用接地继电器

接地继电器的结构与过流继电器基本相同，也是拍合式的，由电磁机构和触头系统两大部分组成。在制动工况下，当主电路某处发生接地故障，电流达到整定值 0.2～0.3 A 时，接地继电器动作，常闭触头打开，从而保护主回路不受故障的影响。

在北京地铁列车上使用的接地继电器的代号为 DJ，其保护原理如图 2－11 所示。当主回路无接地故障时，接地继电器 DJ 线圈中无电流，因此接地继电器 DJ 处于释放状态。当主回路某处出现接地故障时，接地继电器 DJ 线圈中有电流通过，电流达到整定值 0.2～0.3 A 时，某 DJ 动作，通过相应联锁切断主回路，达到保护的目的。

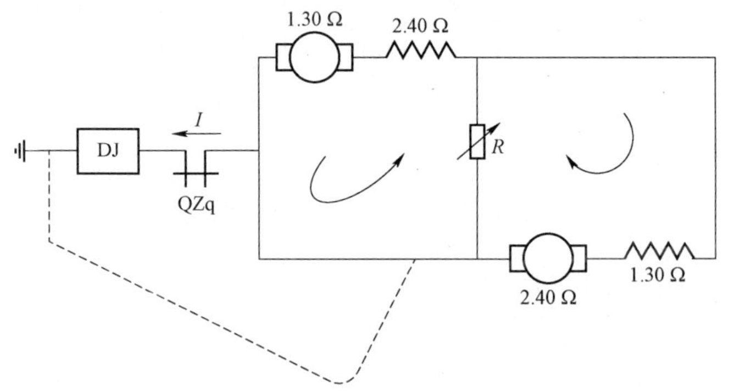

图 2－11　接地继电器的保护原理

2）牵引工况下的接地保护用差动继电器

差动继电器的工作原理如图 2－12 所示。

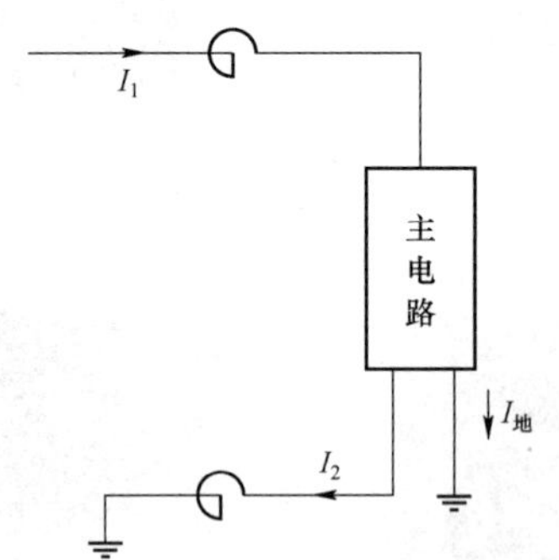

图 2－12　差动继电器的工作原理

主回路在牵引工况下的接地保护一般使用的是差动继电器（用于所有牵引电机串联的情况）。差动继电器属于拍合式电磁机构，它有两组线圈，即低压线圈和电流线圈（只有 2 匝），它是利用两组线圈的电流差而工作的。

正常情况时，2 匝电流线圈通过的电流方向相反，产生的磁场方向相反，因此电磁吸力相互抵消，差动继电器不动作。

牵引工况下，当主回路出现接地故障时，电流有泄漏（$I_{地}$），$I_1=I_2+I_{地}$，即 $I_1>I_2$，使得电流线圈产生的电磁吸力不相等，在铁芯周围产生的磁场吸力克服了弹簧的拉力，衔铁吸合，差动继电器动作，常闭联锁打开，切断了主电路，达到了保护主电路的目的。有的城轨车辆主电路采用接地电阻进行接地保护。

5. 时间继电器

时间继电器是接收信号后，经过一定时间才输出信号（即触头动作）的继电器，用于实现触头延时接通或断开。

时间继电器的种类很多，除电磁式时间继电器外，还有空气阻尼式时间继电器和电子式时间继电器。电子式时间继电器按构成分为晶体管式和数字式两种，按输出形式分有触头型和无触头型两种，按延时方式分有通电延时型和断电延时型两种。

① 通电延时型时间继电器接收输入信号（线圈通电）后，经过一定时间输出信号才发生变化，即经过一定时间后常开触头闭合，常闭触头断开；当输入信号消失后，输出信号瞬时复原。

② 断电延时型时间继电器接收输入信号（线圈通电）后，瞬时产生相应的输出信号，即常开触头闭合，常闭触头断开；当输入信号消失后，经过一定时间输出信号才复原，即常开触头断开，常闭触头闭合。

时间继电器的文字符号为 KT，其结构示意图及图形符号如图 2－13 所示。

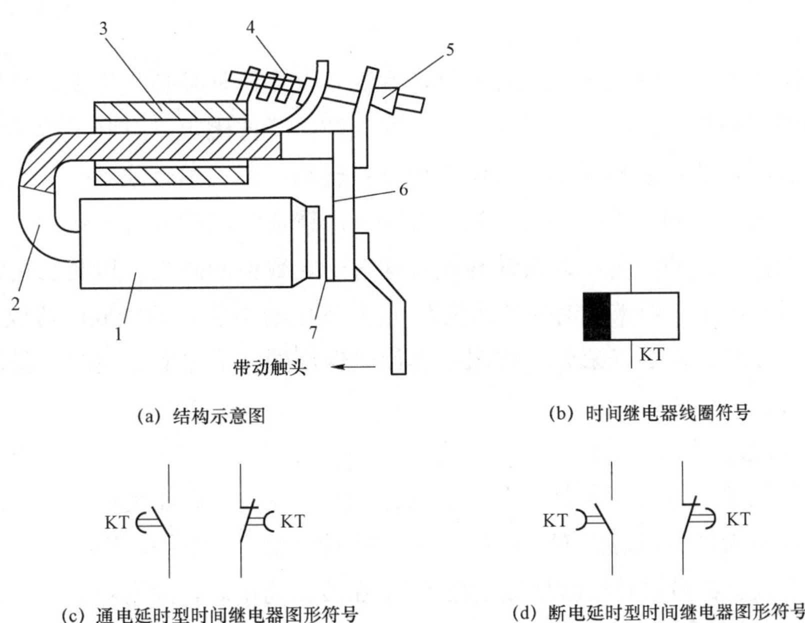

1—线圈；2—铁芯；3—阻尼套筒；4—反力弹簧；5—调节螺钉；6—衔铁；7—非磁性垫片

图 2－13　时间继电器的结构示意图及图形符号

1）电磁式时间继电器

图 2－13 中（a）为断电延时型直流电磁式时间继电器的结构示意图。其铁芯和磁轭为一体，采用圆柱形电工钢材制成，用铝基座浇铸，可降低磁阻，有利于提高时间继电器的灵敏度。在磁轭上套装一个阻尼套筒（铜或铝材质），以达到断电延时的目的。

当线圈通电时，联锁触头动作是瞬时完成的，即常开触头闭合，常闭触头断开。

当线圈断电时，阻尼套筒内部产生感应电势，并流过感应电流，此电流产生的磁通与铁芯中产生的主磁通方向相同，将阻止主磁通下降，使主磁通缓慢衰减，从而得到所需要的延时时间，最终使常开触头延时打开，常闭触头延时闭合。

下面以 JT3－21/5 型时间继电器为例介绍电磁式时间继电器的工作原理。

（1）型号及含义。

① J——继电器；

② T——通用；

③ 3——设计序号；

④ 21——2 开 1 闭触点；

⑤ 5——表示动作值，即延时时间，s。

（2）作用。

该型继电器作为控制电路中的时间控制环节元件，供衔铁延时释放用。有 3 个时间等级：1 s（0.3～0.9 s），3 s（0.8～3 s），5 s（2.5～5 s）。

（3）结构。

如图 2－14 所示，JT3 系列继电器的铁芯和磁轭采用圆柱整体电工钢，使铁芯与磁轭成为一体，再用铝基座浇铸而成，从而减小了装配气隙，降低磁阻，有利于提高继电器的灵敏度。衔铁制成板状，装在磁轭端部，可绕棱形支点转动，形成拍合式动作。铁芯端部套有圆环状的极靴。在衔铁内侧与铁芯相接触处，装有一磷铜皮制成的非磁性垫片，此垫片使衔铁闭合时与铁芯保持一定的距离，即衔铁与铁芯间有一定数值的磁阻，以防止衔铁在闭合状态下，当吸引线圈断电时，剩磁将衔铁“粘住”，引起继电器不能正常释放而造成事故。时间继电器的延时作用是依靠套装在磁轭上的阻尼套筒来保证的，继电器断电时可借助于反力弹簧的作用使衔铁打开。

（4）动作原理。

当继电器的线圈通电时，在磁路中产生磁通。当磁通增加到能使衔铁吸动的数值时，衔铁开始动作，随着衔铁与铁芯之间气隙的减小，磁通增加。当衔铁与铁芯吸合以后，磁通最大（此时的磁通大于将衔铁吸住时所需的磁通）。在线圈通电时，因为磁通的增长和衔铁的动作时间很短，所以联锁触头的动作几乎是瞬时的。当线圈断电时，电流将瞬时下降为零，相应于电流的主磁通亦迅速减小，但因其变化率很大，根据楞次定律，在阻尼铜套（或阻尼铝套）内部将产生感应电势，并流过感应电流，此电流产生与原主磁通相同方向的磁通，以阻止主磁通下降，这样就使磁路中的主磁通缓慢地衰减，直到磁通衰减到不能吸住衔铁时，衔铁才释放，触点才相应地打开（或闭合），这样就得到了所需的延时。

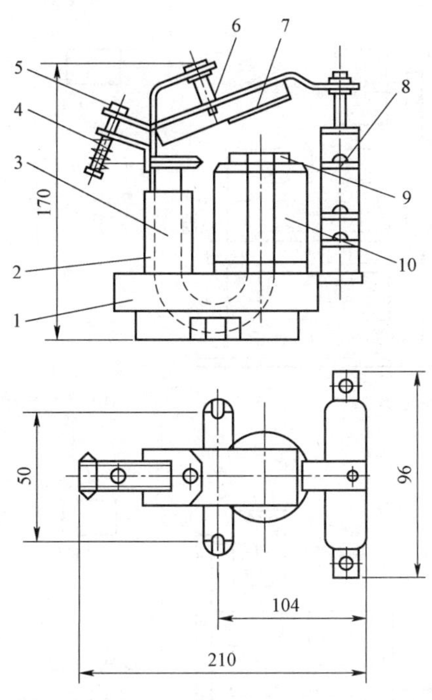

1—底座；2—阻尼套筒；3—铁芯；4—反力弹簧；5—反力调节螺母；
6—衔铁；7—非磁性垫片；8—触头组；9—极靴；10—线圈

图 2－14　JT3 系列时间继电器结构示意图

为保证继电器延时的准确性，在使用时间继电器时必须保证有足够的充电时间（即线圈通电时间），使衔铁和铁芯中的磁通完全达到稳定值。若充电不足，没有建立起稳定的磁通，延时作用将大大削弱。JT3 系列时间继电器的充电时间不能小于 0.8 s，故继电器通电时间必须大于 1 s。

2）空气阻尼式时间继电器

空气阻尼式时间继电器是利用空气阻尼原理获得延时的，它由电磁机构、延时机构和触头系统 3 部分组成。电磁机构为直动式双 E 形铁芯，触头系统借用 LX5 型微动开关，延时机构采用气囊式阻尼器。

空气阻尼式时间继电器可以做成通电延时型，也可以做成断电延时型；电磁机构可以是直流的，也可以是交流的。现以通电延时型时间继电器为例介绍其工作原理，如图 2－15 所示。

图 2－15（a）为通电延时型时间继电器线圈不通电时的情况，当线圈通电后，动铁吸和，带动 L 形传动杆向右运动，使瞬动触点受压，其触点瞬时动作。活塞杆在塔形弹簧的作用下，带动橡皮膜向右移动，弱弹簧将橡皮膜压在活塞上，橡皮膜左方的空气不能进入，形成负压，气室只能通过进气孔进气，因此活塞杆只能缓慢地向右移动，其移动的速度和进气孔的大小有关（通过延时调节螺丝调节进气孔的大小可改变延时时间）。经过一定的延时后，活塞杆移动到右端，通过杠杆压动微动开关（通电延时触点），使其常闭触头断开，常开触头闭合，起

到通电延时的作用。

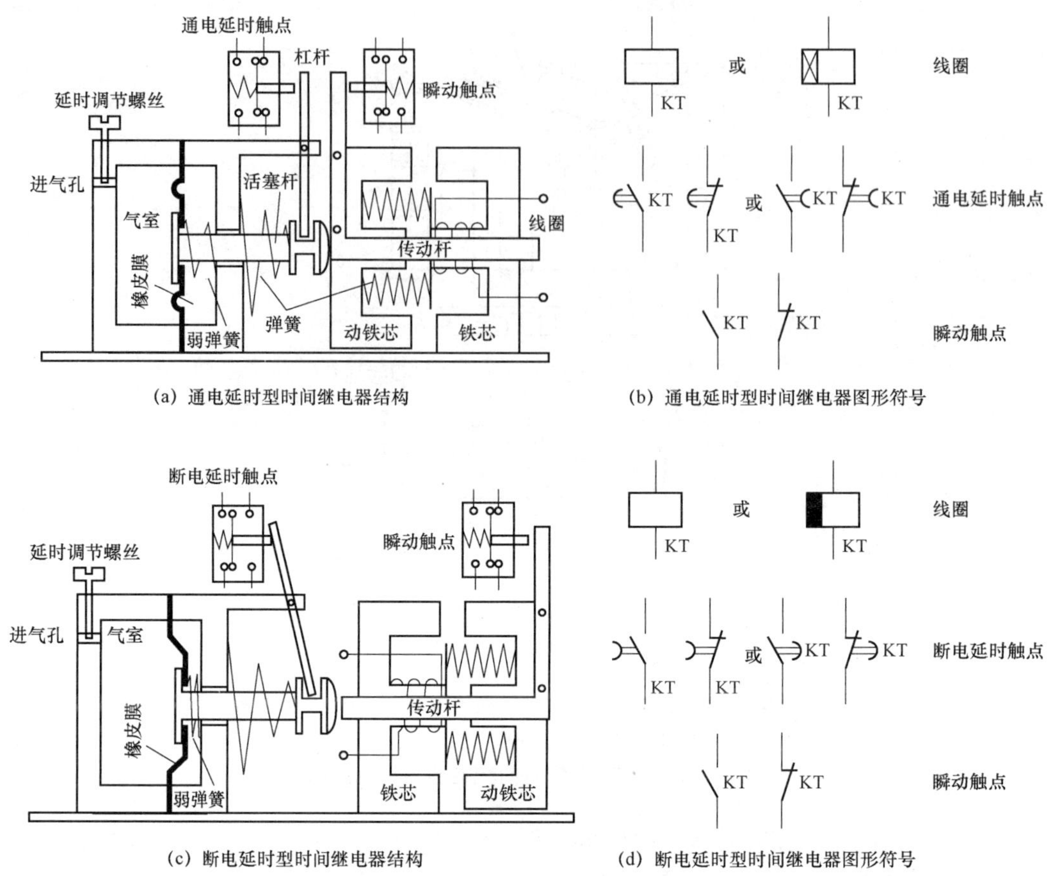

(a) 通电延时型时间继电器结构　(b) 通电延时型时间继电器图形符号

(c) 断电延时型时间继电器结构　(d) 断电延时型时间继电器图形符号

图 2-15　空气阻尼式时间继电器结构及图形符号

当线圈断电时，电磁吸力消失，动铁芯在反力弹簧的作用下释放，并通过活塞杆将活塞推向左端，这时气室内的空气通过橡皮膜和活塞杆之间的缝隙排掉，瞬动触点和延时触点迅速复位，无延时。

如果将通电延时型时间继电器的电磁机构反向安装，就可以将其改为断电延时型时间继电器，如图 2-15（c）所示。线圈不通电时，塔形弹簧将橡皮膜和活塞杆推向右侧，杠杆将延时触点压下（注意，原来通电延时型的常开触点现在变成了断电延时型的常闭触点，原来通电延时型的常闭触点现在变成了断电延时型的常开触点）。当线圈通电时，动铁芯带动 L 形传动杆向左运动，使瞬动触点瞬时动作，同时推动活塞杆向左运动。如前所述，活塞杆向左运动不延时，延时触点瞬时动作。线圈失电时动铁芯在反力弹簧的作用下返回，瞬动触点瞬时动作，延时触点延时动作。

时间继电器线圈和延时触点的图形符号都有两种画法，线圈中的延时符号可以不画，触点中的延时符号可以画在左边，也可以画在右边，但是圆弧的方向不能改变，如图 2-15（b）、（d）所示。

3）电子式时间继电器

目前，城轨车辆中已开始采用由单片机控制的电子式时间继电器，该继电器由晶体管或集成电路和电子元件等构成，故又称为半导体时间继电器。它用微型大功率密封中间继电器作为执行单元，集成电路和元器件封装于一个金属盒内，具有延时范围广、精度高、体积小、耐冲击、耐振动、调节方便、寿命长等优点。

半导体时间继电器的输出形式有两种：有触点式和无触点式。

电子式时间继电器的工作原理是利用电容的充、放电特性，通过调节 RC 电路的电阻或电容的大小，即改变充、放电时间常数的大小来调节延时时间的长短，实现延时功能。

JS20 系列半导体时间继电器是一种常用的时间继电器。下面以晶体管延时电路为例说明其工作原理。晶体管延时电路如图 2－16 所示。

刚接通电源时，16 μF 电容两端的电压为零，两个晶体管都截止，继电器不动作。随着 16 μF 电容的充电，经过一段时间后，其两端的电压达到高电平，两个晶体管都导通，继电器延时吸合。延时时间的长短可通过 10 MΩ 电阻来调节。

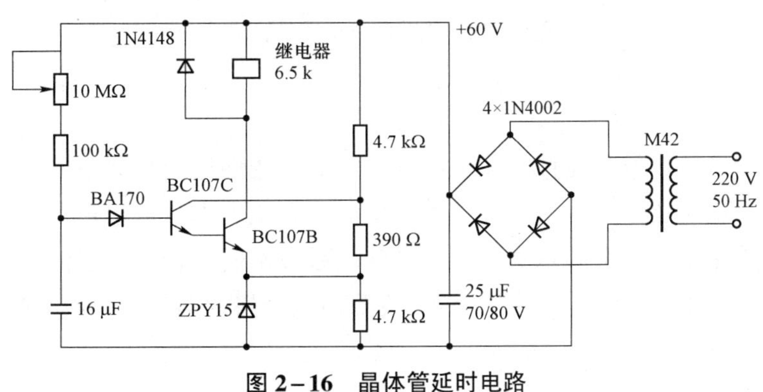

图 2－16　晶体管延时电路

2.1.3　热过载继电器

所谓热过载继电器，是利用输入电流的热效应而做出相应动作的一种继电器，属于非电量继电器。

热过载继电器主要用于对异步电动机的过载保护，它具有反时限保护特性，即被保护元件的过流允许通过时间与其电流值的大小成反比，即电流越大，所允许通过的时间越短。

热过载继电器是利用流入热元件的电流产生热量，使有不同膨胀系数的双金属片发生弯曲变形，推动传动机构动作，最终实现过载保护。由于是过载发热而引起动作，所以其动作值自然要低于回路中主要电器零部件的允许温度值，这样才可以限制过载电流而起到保护作用。热过载继电器在城轨车辆中的空调单元、辅助电机等工作回路中均有应用。3UA 系列热过载继电器的外形及结构如图 2－17 所示，其符号如图 2－18 所示。

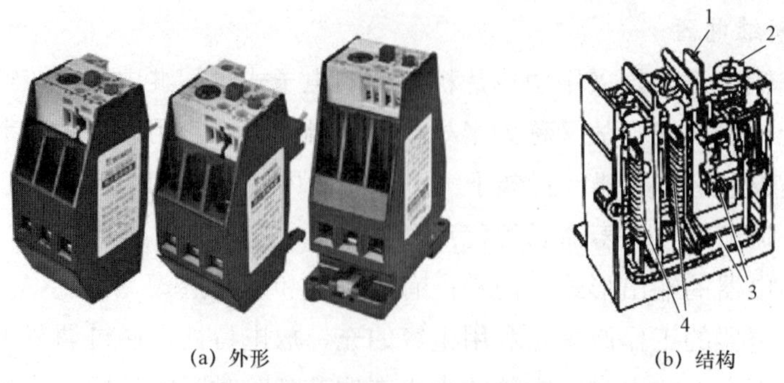

(a) 外形　　(b) 结构

1—复位杆；2—电流整定旋钮；3—触头传动推杆；4—热元件

图 2-17　3UA 系列热过载继电器的外形与结构示意图

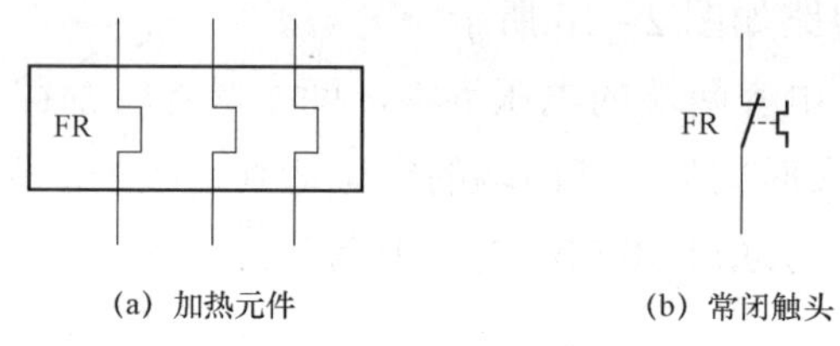

(a) 加热元件　　(b) 常闭触头

图 2-18　热过载继电器的符号

1. 基本结构

热过载继电器主要由发热元件、双金属片、触点、传动机构和调整机构组成。发热元件是一段阻值不大的电阻丝，串联在被保护电动机的定子绕组中。常闭触头串联在交流接触器的电磁线圈控制电路中。双金属片是由两种热膨胀系数不同的金属，用机械碾压而成（或焊接而成）的，一端被固定，另一端为自由端。受热后双金属片向膨胀系数小的金属一侧弯曲，如图 2-19 所示。

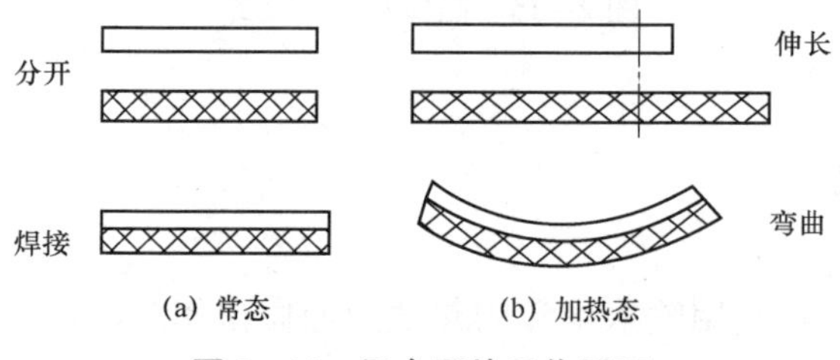

(a) 常态　　(b) 加热态

图 2-19　双金属片工作原理

□—膨胀度小的金属片；⊠—膨胀度大的金属片

2. 工作原理

热过载继电器的工作原理如图 2-20 所示。

当电动机正常工作时，通过发热元件的电流是电动机的额定电流，双金属片受热弯曲，但变形较小，不足以推动传动机构，所以电动机正常运行。

当电动机出现过载时，电动机绕组中电流增大，双金属片受热后温度继续升高，弯曲程度加大，达到一定程度时就推动导板动作，通过传动机构使常闭触点打开，切断控制电路，从而使交流接触器电磁线圈失电释放，保护电路断开，实现了电动机的过载保护。

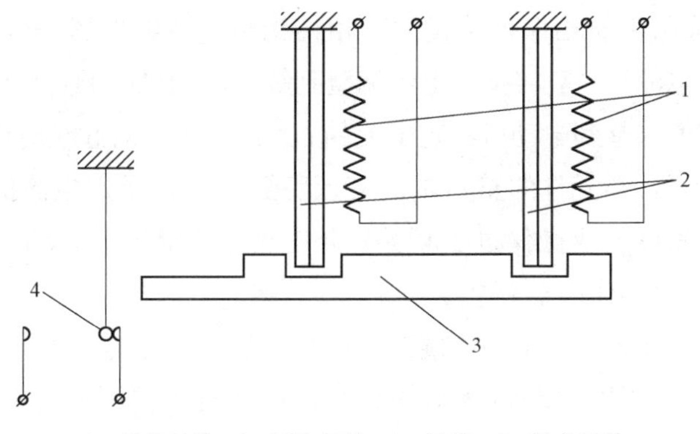

1—发热元件；2—双金属片；3—导板；4—触点复原

图 2－20　热过载继电器工作原理

热过载继电器动作后一般不能自动复位，而要等双金属片冷却后按下“复位”按钮进行复位。热过载继电器动作电流的调节可以借助旋转凸轮来实现。

由于热惯性，当电路短路时热过载继电器不能立即动作，因此不能用于短路保护。同理，在线路短时过载时，热过载继电器也不会动作，这可避免线路不必要的断电。每一种电流等级的热元件，都有一定的电流调节范围，一般应调节到与线路额定电流相等，以便更好地起到过载保护作用。

3. 主要技术参数

① 额定电压：指热过载继电器能够正常工作的最高电压值，一般为 AC 220 V、AC 380 V。

② 额定电流：指被保护电动机的额定电流。通常热过载继电器的额定电流略大于电动机的额定电流。

③ 额定频率：45～60 Hz。

④ 整定电流范围：调整到电动机额定电流的 1.1～1.2 倍。

4. 型号及选用

目前，国内生产的热过载继电器主要有 JR0、JR1、JR2、JR9、JR10、JR15、JR16、JR20 等系列。JR0、JR1、JR2 和 JR15 系列的热过载继电器均为两相结构，是双热元件的热继电器，可以用作三相异步电机的均衡过载保护和定子绕组为星形连接的三相异步电机的断相保护，但不能用作定子绕组为三角形连接的三相异步电机的断相保护。JRI6 和 JR20 系列热过载继电器均为带断相保护的热过载继电器，具有差动式断相保护机构。

选择热过载继电器时，主要根据电动机定子绕组的连接方式来确定热继电器的型号。在三相异步电动机电路中，对星形连接的电动机可选用两相或三相结构的热继电器，一般采用两相结构，即在两相主电路中串接热元件。但对于定子绕组为三角形连接的电动机，必须采用带断相保护的热继电器。热继电器主要用于电动机的过载保护，使用中应考虑电动机的工作环境、起动情况、负载性质等因素，具体应从以下几个方面来选择。

① 热过载继电器结构形式。星形连接的电动机可选用两相或三相结构热过载继电器，三角形连接的电动机应选用带断相保护装置的三相结构热过载继电器。

② 热元件的整定电流。一般将整定电流调整到等于电动机的额定电流。对过载能力差的电动机，可将热元件整定值调整到电动机额定电流的60%～80%。对起动时间较长、拖动冲击性负载或不允许停车的电动机，热元件的整定电流应调整到电动机额定电流的1.1～1.15倍。

③ 电动机起动时间过长或操作过于频繁，会使热过载继电器误动作或烧坏电器，故这种情况一般不用热过载继电器作过载保护。

④ 对于重复短时工作的电动机（如起重机电动机），由于电动机不断重复升温，热过载继电器双金属片的温升跟不上电动机绕组的温升，电动机将得不到可靠的过载保护。因此，这种情况下不宜选用双金属片热过载继电器，而应选用过电流继电器或能反映绕组实际温度的温度继电器来进行保护。

2.1.4 继电器的选用

选用继电器的一般方法如下。

① 根据被控制或保护对象（可以是电量或非电量）的具体要求，确定采用的继电器的种类，并设计其继电－触点电路。

② 确定控制和被控制电路的基本参数，如控制电路（继电器线圈电路）的线圈数量。电流种类继电器动作、释放和工作状态的电流、电压或功率值以及它们的变化范围；被控制电路（继电－触点电路）的常开和常闭触点的数量、电路中的电流种类（直流或交流）及其大小、负载的电阻和电感量（即 R 和 L 值）等。

③ 根据控制和被控制电路对继电器的要求，在考虑使用寿命、工作制、使用条件、继电器各主要技术参数及重量和尺寸的基础上，从产品目录中选择合适的继电器。

2.1.5 继电器常见故障的处理

1. 触头故障

① 由于触头的机械咬合（触头上形成的针状凸起与凹坑相互咬住）、熔焊或冷焊而引起的触头无法分开的现象。

② 由于接触电阻变大和不稳定使电路无法正常接通的现象。

③ 由于负载过大，或触头容量过小，或负载性质变化等引起触头无法分、合电路的故障。

④ 由于电压过高或触头开距变小而出现触头间隙重新击穿的故障。

2. 线圈故障

① 由于环境温度的变化（超过技术条件规定值）导致线圈温升超过允许值而引起线圈绝

缘的损坏；由于潮湿而引起绝缘水平的严重降低；由于腐蚀而引起内部断线或匝间短路。

② 由于线圈电压超过 110%额定电压而导致线圈损坏。

③ 在使用维修时，可能由于工具的碰伤而使线圈绝缘损坏，或引起线折断。

3. 磁路故障

① 棱角和转轴的磨损，导致衔铁转动失灵或卡死的故障。

② 在有些直流继电器中，由于机械磨损，或非磁性垫片损坏，使衔铁闭合后的最小气隙变小，剩磁过大，导致衔铁不能释放的故障。

4. 其他

如各种零件产生变形或松动、机械损坏、镀层裂开或剥落、各带电部分与外壳间的绝缘不够、反力弹簧因疲劳而失去弹性、各种整定值调整不当、产品已达额定寿命等。

2.1.6 继电器的日常维护与检修

① 继电器活动部分的动作应灵活、可靠，外罩及壳体应无损坏、无缺少零件等情况。

② 继电器线圈引出端子及外部连接线必须牢固、可靠，电磁继电器吸引线圈的阻值必须符合有关技术规定。

③ 有指示件的继电器应检查指示件的自锁和释放作用，保证其正确、可靠。

④ 绝缘状态良好，磨耗件及易损件（包括胶木件、外罩、分磁环、非磁性垫片等）有缺损时应更新，各连接部分的紧固状态应良好。

⑤ 测量继电器触头厚度、开距、超程及其压力等技术参数，必须符合有关规程和工作文件的要求。

⑥ 调整继电器动作参数的整定值，并加漆封固定。有特殊要求时，还应测量继电器的返回系数。

2.2 接　触　器

2.2.1 概述

1. 接触器的组成

接触器是用来接通或切断较大电流电路的自动控制电器。接触器的种类很多，但对于任何一种接触器来说，一般均由以下几部分组成。

1）传动装置

传动装置包括驱使触头闭合的装置、开断触头的弹簧机构以及缓冲装置，用来可靠地驱使触头按规定要求动作，控制触头的闭合与分断，完成接触器本身的职能。

2）触头装置

触头装置一般由主触头和联锁触头两部分组成。

主触头由动、静主触头和触头弹簧支持件等组成。它是接触器的执行部分，用于直接实现电路的通、断。通常，主触头接通和分断电路的额定电流比较大，一般为数安到数百安，甚至可能高达数千安。

联锁触头（又称辅助触头），通常由两对以上常开联锁触头和两对以上常闭联锁触头组成，用于控制其他电器、信号或电气联锁等。它接通和分断的一般为控制电路，额定电流较小，只有 5～10 A。

3）灭弧装置

灭弧装置一般与主触头配合使用，主要用于熄灭主触头开断电路时产生的电弧，减少电弧对触头的破坏作用，保证触头可靠地工作。根据电流的性质、灭弧方法和原理，可以制成多种灭弧装置。

4）支架和固定装置

支架和固定装置属于非工作部分，用于合理地安装和布置电器各部件，使之与接触器构成一个整体。支架和固定装置应有足够的机械强度，并能对内部部件起到保护作用，保证接触器达到一定的寿命。

2. 接触器的用途和基本特点

接触器在工业控制中应用非常广泛，是用来接通或断开带有负载的主电路或大容量控制电路的自动切换电器。在城轨车辆上用于频繁地接通或切断正常工作情况的主电路和辅助电路。与其他开关电器相比，它的特点是：

① 动作频繁，每小时开闭次数可达 150～1 500 次；

② 能通、断较大电流，一般情况下只通断正常额定电流，而不能通断短路或故障电流；

③ 可以实现一定距离的控制。

3. 接触器的分类

接触器的用途很广，种类繁多，一般有以下几种分类方法。

1）按传动方式分

按传动方式分，主要有电磁接触器和电空接触器。电磁接触器采用电磁传动装置，电空接触器采用电空传动装置。电磁接触器通常又分为直流、交流、交直流三种类型。

2）按通断电流的种类分

按通断电流的种类分，有交流接触器和直流接触器。这里指的是主触头通、断电流的性质，它与传动方式无关。如果主触头通、断的是交流电，则不管它采用的是直流电磁机构传动、交流电磁机构传动，还是电空传动，都称为交流接触器。

3）按主触头所处的介质分

按主触头所处的介质分，可分为空气式接触器和真空式接触器。空气式接触器的主触头在大气中，采用的是一般的、常用的灭弧装置。真空式接触器的主触头密封在真空装置中，它利用的是真空灭弧原理，具有很高的切换能力。

4）按接触器同一传动机构所传动的主触头数目分

按接触器同一传动机构所传动的主触头数目分，可分为单极接触器和多极接触器。单极接触器只有一对主触头，多极接触器有两对及以上的主触头，它们分别用于控制单相和多相电路。

4. 接触器的基本参数

1）切换能力

切换能力又称开闭能力、通断能力。所谓切换能力是指接通负载和切断负载的能力。接触器的主触头虽然不要求分断短路电流，但它还是有可能在大于额定电流的情况下接通和切断负载电路，此时可能产生电弧，导致触头严重烧损，甚至发生熔焊等故障。因此，必须规定接触器在一定条件下接通和切断电压和电流高于额定值的电路的具体指标，即规定它的切换能力，以保证接触器能在较恶劣的条件下可靠地工作。

2）操作频率

操作频率是指在每小时内允许操作的次数。接触器的操作频率越高，则在单位时间内的开闭次数就越多，触头及灭弧室的工作任务就越重。对交流接触器来说，操作频率越高，就意味着线圈受到电流冲击及衔铁铁芯受到机械冲击的次数也越多。交、直流接触器的操作频率通常为每小时 150、300、600、1 200 次。

3）动作值和释放值

对电磁接触器而言，动作值和释放值主要指电压和电流的动作值和释放值。对电空接触器而言，它主要指电空阀的动作电压及气缸相对应的气压值。

除满足上述技术指标要求外，一般来说，需要保证电压为额定电压的 85%时触头能吸合，而电压为额定电压的 105%时不至于烧坏线圈。

2.2.2 电磁接触器

1. 直流电磁接触器

图 2－21 为某城市轨道交通车辆主电路所用的主接触器结构，其文字符号、图形符号如图 2－22 所示。

主接触器主要包括线路接触器（带有接触器触头和灭弧罩）和预充电接触器。这部分的输入是来自接触网（DC 1 500 V）或接触轨（DC 750 V）的高压电，输入电压会有一定的波动。

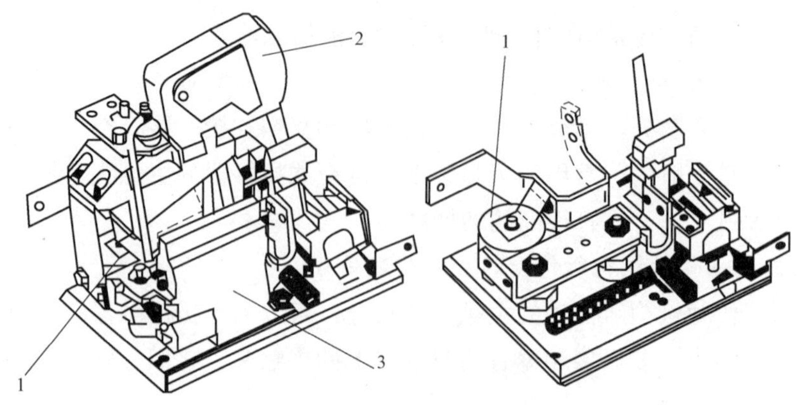

1—EMI 电容器；2—线路接触器；3—预充电接触器

图 2－21　直流电磁接触器结构示意图

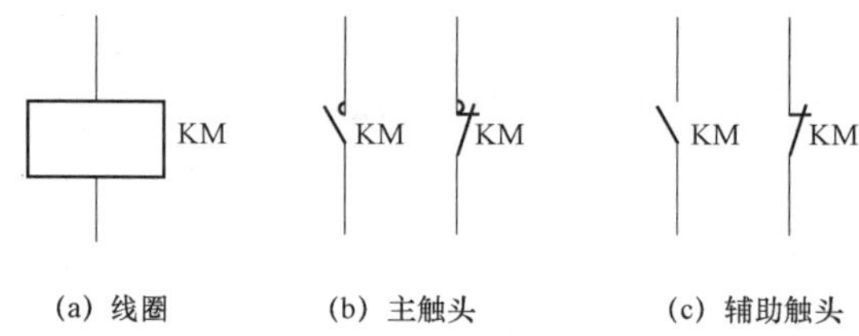

(a) 线圈　　(b) 主触头　　(c) 辅助触头

图 2－22　直流电磁接触器的文字符号和图形符号

图 2－23 为 CZ5－22－10/22 型直流接触器结构示意图，其型号的含义如下：

① C——接触器；

② Z——直流；

③ 5——设计序号；

④ 22——派生代号；

⑤ 10/22——分子第一位和第二位分别表示常开和常闭主触头数，分母第一、二位分别表示常开和常闭联锁触头数。

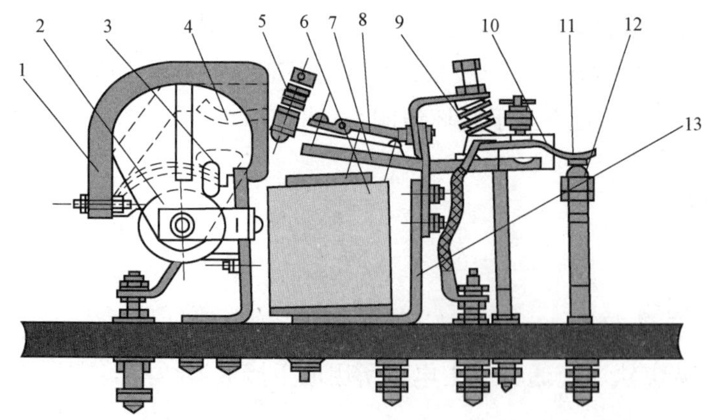

1—灭弧罩；2—吹弧线圈；3—主静触头；4—主动触头；5—触头弹簧；6—吸引线圈；7—衔铁；8—软连接；9—反力弹簧；10—绝缘基座；11—动联锁触头；12—静联锁触头；13—磁轭

图 2－23　CZ5－22－10/22 型接触器结构示意图

工作原理：当吸引线圈未通电时，衔铁在反力弹簧作用下打开，其常开触头打开、常闭触头闭合；当吸引线圈得电时，铁芯与衔铁间产生吸力，将衔铁吸合，使常开触头闭合、常闭触头打开。

2. 交流电磁接触器

1）基本结构

交流电磁接触器主要由电磁系统、触头系统、灭弧系统和其他部分组成。其外观及结构示意图如图 2－24 所示。其文字符号、图形符号如图 2－25 所示。

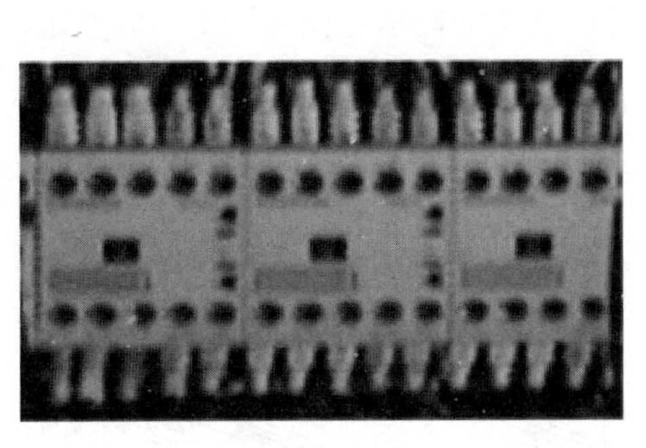

(a) 外观

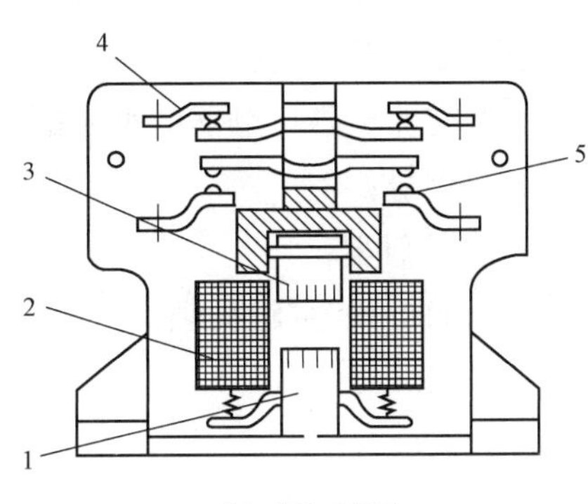

(b) 结构示意图

1—铁芯；2—电磁线圈；3—衔铁；4—常闭触头；5—常开触头

图 2－24　交流电磁接触器的外观及其结构示意图

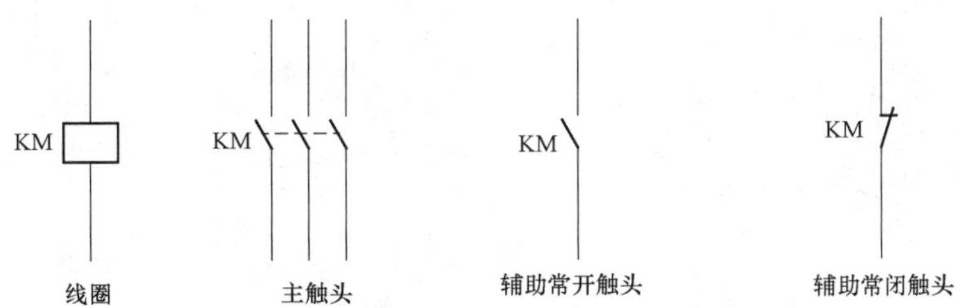

图 2－25　交流电磁接触器的文字符号、图形符号

电磁系统包括电磁线圈和铁芯，一般为单 E 直动式。交流接触器的铁芯由硅钢片叠压而成，以减少铁芯中的涡流损耗，避免铁芯过热。在铁芯上装有短路环，以减少吸合时产生的振动和噪声。电磁线圈通常制成粗而短的圆筒形，并与铁芯之间有一定的间隙，以免与铁芯直接接触而受热烧坏。电磁线圈的额定电压一般有 380 V、220 V、110 V、36 V 等。

触头系统包括主触头和辅助触头。主触头用于接通和分断主电路，控制较大的电流；辅助触头用于控制电路中，起电气联锁作用。交流电磁接触器一般有 3 对主触头、2 对常开辅助触头及 2 对常闭辅助触头。交流电磁接触器的触头大部分采用直动式双断点桥式触头。

灭弧系统用来迅速熄灭主触头在分断电路时所产生的电弧，以保证主触头不受电弧灼伤，使电路分断时间缩短。容量较小的接触器，采用双断点桥式触头，主要是利用电动力灭弧。容量大的交流电磁接触器，采用灭弧栅灭弧。

2）工作原理

如图 2–24 所示，线圈通入交流电后，线圈电流产生磁场，铁芯的电磁吸力克服弹簧的反作用力使衔铁吸合，常闭触头断开，常开触头闭合；当线圈电压消失或降低到某一数值后即所谓释放电压时，由于磁通的减小使铁芯的电磁吸力小于弹簧的反作用力，衔铁在此反作用力的作用下释放，常开触头断开，常闭触头闭合。

在城市轨道交通车辆的辅助供电系统中，各辅助机组（如压缩机、通风机、空调等）均采用交流电磁接触器进行控制。其中 6C 系列交流电磁接触器具有操作频率高、主触头压力大、抗熔焊性好、耐电弧等优点，在城市轨道交通车辆上得到广泛应用。

6C 系列三相交流电磁接触器结构基本相同，其外形及结构示意图如图 2–26 所示。6C180 型、6C110 型交流电磁接触器的型号的含义：

① 6——序号；

② C——接触器；

③ 180、110——主触头额定电流，A。

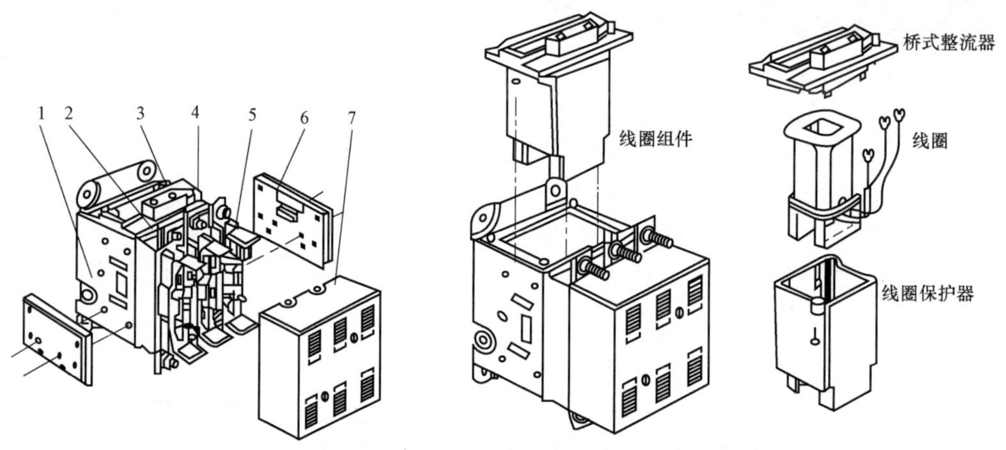

1—底座；2—静触头；3—桥式整流器；4—接线柱；5—动触头；6—辅助触头；7—灭弧罩

图 2–26　6C 系列三相交流电磁接触器外形及结构示意图

3. 电磁接触器的选用

接触器选用时主要考虑以下因素：

① 切换能力；

② 动作值和释放值；

③ 机械寿命和电气寿命；

④ 动作时间、释放时间；

⑤ 控制电压要求。

2.2.3 电空接触器

电空接触器是用来通、断带有负载的主电路和大容量的控制回路的自动电器，主要用于通、断正常工作电流。它的主要特点是能实现远距离的自动控制，操作频率较高（每小时通断次数为 150～1 500 次），通断电流大，应用范围广。采用电空接触器通断主电路的电路特点如下：

① 主电路电流大（一般在几百安以上），触头闭合时需要很大的压力；

② 主电路的电压较高，触头的开距要大，故需较大的行程。

基于上述情况，如果采用电磁接触器，就必须有较大的电磁功率。而电磁装置体积较大，因而将导致控制功率增大。采用压缩空气作为动力，仅需功率不大的电磁阀控制气路即可。

1. 基本结构

电空接触器主要由触头系统、灭弧系统、传动系统和支架组成，其中触头系统由主触头和联锁触头组成，灭弧系统由磁吹线圈、导磁极板、导弧角和灭弧罩组成，传动系统由电磁阀、传动风缸、传动杆组成。其结构如图 2－27 所示。

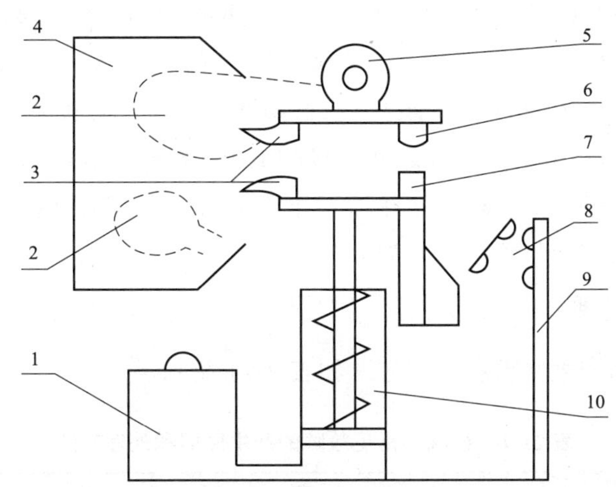

1—电磁阀；2—导磁极板；3—导弧角；4—灭弧罩；5—磁吹线圈；6—静触头；
7—动触头；8—联锁触头组；9—支架；10—传动风缸

图 2－27　电空接触器结构

2. 工作原理

当电磁阀线圈无电时，电磁阀的下阀门关闭，压缩空气不能进入传动风缸，电空接触器处于释放状态。当有外来指令信号后，电磁阀线圈得电，动铁芯被吸下，下阀门打开，上阀门关闭，切断通大气的通路。此时，电磁阀控制的压缩空气进入传动风缸，克服反力弹簧的反力，推动活塞上移，经活塞杆带动传动杆向上运动，从而带动触头运动，完成它的闭合任务。当电磁阀线圈失电时，传动风缸排气，活塞杆及传动杆、触头等在反力弹簧的作用下复原，使动、静触头分离。同时，在动、静触头之间产生的电弧，在磁吹线圈产生的磁吹力作用下沿导弧角进入灭弧室内，经强烈的冷却和消游离作用而熄灭。

2.2.4 接触器的检修及故障处理

1. 接触器的检修

接触器的检修包括主触头的检修、电磁机构的检修、传动机构的检修、辅助触头的检修和检查测试。

① 主触头的检修：检查主触头接触面，对有轻度烧灼或有结瘤的接触面应进行打磨；对有较大面积烧损熔焊的，应更换主触头。

② 电磁机构的检修：检查铁芯与线圈的表面是否有擦痕；测量线圈阻值是否正常；清洁、打磨接线端子，使其接触良好；检查反力弹簧的工作状态。

③ 传动机构的检修：由于绝缘的需要，传动机构通常由塑料等绝缘材料制成，在使用一段时间后，因受力、温升等原因会出现裂纹、破损等现象，对于损坏的部件应予以更换。另外，由于轴和外壳使用的材料不同，外壳的轴孔较易磨损，所以还需要检查轴孔的工作状态。

④ 辅助触头的检修：测量辅助触头的接触电阻是否符合要求；检查接触凸轮机构的工作状态，对于磨损严重的凸轮应更换；清洁、打磨接线端子，使其接触良好。

⑤ 检查测试：测量主触头与外壳之间的接触电阻，检查接触器的吸合与分断时间。由于列车控制系统是通过辅助触头来检查接触器工作情况的，所以在测量接触器的吸合与分断时间时，应以辅助触头的闭合与分断时间为准。

2. 接触器的故障处理

接触器常见故障的产生原因和处理方法如表 2－1 所示。

表 2－1 接触器常见故障的产生原因和处理方法

序号	故障现象	产生原因	处理方法
1	接触器开合不灵	机械可动部分被卡住	排除相应障碍即可
		摩擦力过大	
		气隙中有阻塞	
		电空接触器漏风或风压不足	
2	通电后不能完全闭合	电源电压低于线圈额定电压	调整电源电压或更换线圈
		触头弹簧与反力弹簧压力过大	调整或更换弹簧
		触头超程过大	调整触头超程
3	接触器闭合过猛或线圈过热冒烟	电源电压过高	调整电源电压或更换线圈

续表

序号	故障现象	产生原因	处理方法
4	断电后不释放	反作用力太小	调节或更换反力弹簧
		剩磁过大	对于直流接触器，应加厚或更换非磁性垫片；对于 E 形电磁铁的交流接触器，可将动铁芯中柱面锉去 0.1～0.3 mm，以增加中柱气隙，减小主磁通量，或更换电磁系统
		触头熔焊	撬开已熔焊的触头，或酌情更换新触头
		铁芯极面有油污或尘埃黏着	清理磁极表面
5	铁芯噪声过大或发生振动	电源电压过低	调节电源电压
		铁芯极面有脏物或锈层，或因过度磨损而不平	清理极面，必要时可刮削修整铁芯或更换铁芯
		分磁环断裂	焊接或更换分磁环
		反作用力过大	调节或更换弹簧
6	线圈过热或烧损	电源电压过高或过低	调整电源电压或更换线圈
		线圈的通电持续率与实际情况不符	更换线圈
		交流线圈操作频率过高	降低操作频率或更换线圈
		交流电磁铁可动部分卡住，铁芯极面不平或去磁气隙过大	排除卡住现象，清除极面或调整铁芯
		线圈匝间短路	更换线圈
		空气潮湿，含有腐蚀性气体或环境温度过高	采用特殊设计的线圈
7	接触器不闭合或正常情况下突然断开	线圈引出线断裂	焊好后可靠绝缘
		线圈内部断线	更换线圈
8	触头严重发热或熔焊	操作频率过高或负载电流过大	更换接触器
		触头表面高低不平，生锈，积有尘埃或铜触头严重氧化	清理接触面
		超程过小或行程过大	调整参数或更换触头
		闭合过程中振动过于剧烈	调整触头参数或更换接触器
		触头分断能力不足	调整接触器
		触头表面有金属颗粒凸起或异物	清理触头表面
		电源电压过低或机械上卡住而使触头停止不前或反复跳动	调高电源电压，排除机械卡住故障，保证接触器可靠吸合

2.2.5　接触器的日常维护与检修

接触器在使用时应定期地检查其运行情况，并进行必要的维护，以延长其使用寿命，保证其安全可靠地运行。维护、检修时应首先断开电源，再按照如下步骤进行操作。

① 外观检查。用压缩空气清除接触器各部件的灰尘，铁芯极面上的灰尘也可以用毛刷清除。若有油污，可先用棉布沾少量酒精擦拭，然后再用干布擦净，并仔细观察接触器外观是

否完整无损，注意拧紧所有紧固件。

② 灭弧装置的维护。取下灭弧罩，用毛刷清除罩内落物及金属颗粒，如发现有破裂或严重烧损及零部件（如灭弧栅片）变形、松脱或位置变化等现象而不易修复时，应及时更换新灭弧装置。重新安装时，应装回原位。

③ 触头的维护。定期检查接触器各部件工作情况；接触器触头表面部分应保持清洁，如有油垢，要及时清洁；触头磨损严重时，应及时更换。

④ 吸引线圈的维护。定期检查线圈是否有断裂或烧损，若有应及时做绝缘处理或更换；选择合适吸引线圈的工作电压，延长其使用寿命。

⑤ 铁芯的维护。定期清理极面，必要时刮削修整或更换。

⑥ 接触器转轴的维护。检查轴孔配合度，不要过紧、过松；如果轴有磨损，应及时更换；避免损坏支架。

2.3 低压断路器

自动空气断路器是低压断路器的一种，又称自动开关，是一种结构较为复杂、动作性能较为完善的配电保护电器。它能自动切断短路、严重过载、电压过低等故障电路，有效地保护接在它后面的电气设备；同时亦可用它来手动非频繁地接通和分断正常电路。

图 2-28 为 TO-100BA 型三相自动低压断路器（自动开关）。

图 2-28 TO-100BA 型三相自动低压断路器

2.3.1 低压断路器的特点

低压断路器具有以下特点：

① 能开断较大的短路电流，分断能力较强；

② 具有对电路过载、短路的双重保护功能；

③ 允许操作频率低；

④ 动作值可调，动作后一般不需要更换零部件。

2.3.2 低压断路器的分类

① 按用途分：可分为保护配电线路用、保护电动机用、保护照明电路用和漏电保护用四类。

② 按结构形式分：可分为框架式和塑料外壳式两种。

③ 按极数分：有单极、两极、三极和四极等类型。

④ 按限流性能分：有不限流型和快速限流型两种。

⑤ 按操作方式分：有直接手柄操作式、杠杆操作式和电磁铁操作式三种。

2.3.3 低压断路器的基本结构

低压断路器主要由触头系统、灭弧装置、脱扣器、自由脱扣机构和操作机构组成。低压断路器外形如图 2-29 所示。

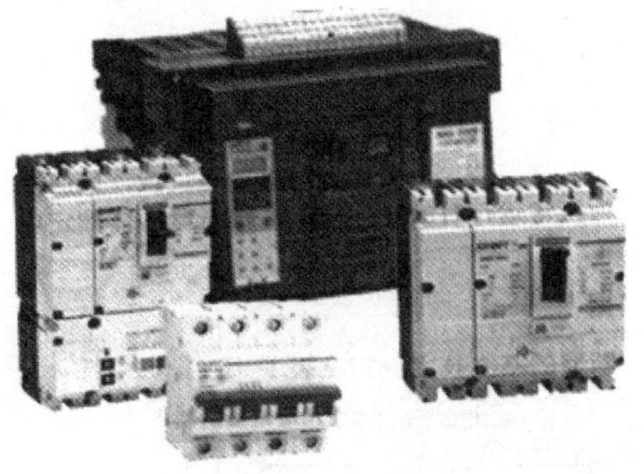

图 2-29　低压断路器外形

1. 触头系统

触头系统是断路器的执行元件，用于接通和分断相关电路，是低压断路器的重要部件，主要承担电路的接通、分断任务。

2. 灭弧装置

灭弧装置主要有纵窄缝灭弧装置和去离子栅灭弧装置两种。功能是在断路器分断电路时保护断路器的触头，以减小触头的电磨损。

各类灭弧装置的灭弧方法可概括为长弧熄弧法（将电弧拉长、冷却）和短弧熄弧法（将电弧分割成串联短弧，利用直流电弧的极旁压降或交流电弧的近阴极效应来熄弧）等。

3. 脱扣器

脱扣器是断路器的感测元件，当脱扣器接收到电路的故障信号后，经脱扣机构动作，使触头分断。脱扣器用于检测故障并作用于操作机构，使其脱扣，带动自动开关的触头断开。自动开关通常采用电磁脱扣器和热脱扣器两种。电磁脱扣器又分为过电流脱扣器和欠电压脱扣器两种，它们实际上是一个小型电磁机构：欠电压脱扣器装有电压线圈，过电流脱扣器装有电流线圈。

4. 自由脱扣机构

它是与触头系统和保护装置相联系的，通过自由脱扣机构的作用可使触头自动断开。“自由脱扣”是指人为操纵手柄处于闭合位置，当手还未离开手柄就发生短路、过载和欠电压等故障时，保护装置作用于自由脱扣机构，自动开关随之自动断开，起保护作用。

5. 操作机构

操作机构用于操纵触头的闭合和断开。传动机构有手操纵直接传动式、手操纵弹簧传动式、电磁铁传动、电动机传动、压缩空气传动等几种。

2.3.4 低压断路器的工作原理

低压断路器的主触头靠操作机构（手动或电动）合闸，自由脱扣机构是一套连杆机构，当主触头闭合以后，将主触头锁在合闸位置，其工作原理如图 2-30 所示。

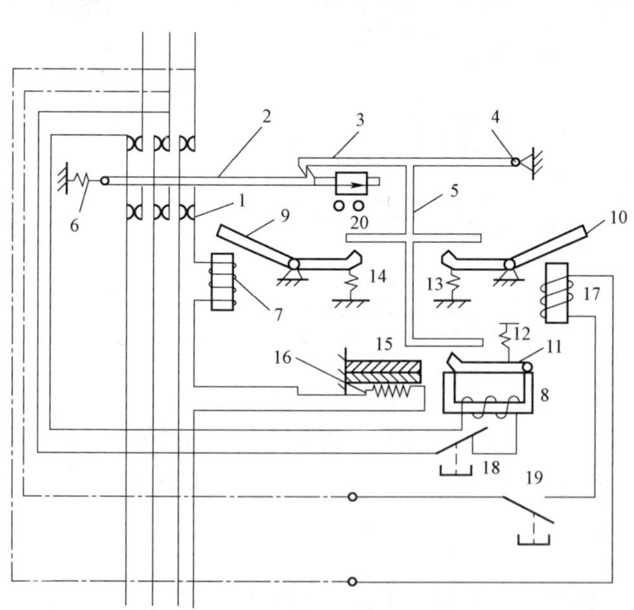

1—主触点；2—锁键；3—搭钩；4—转轴；5—杠杆；6，12，13，14—弹簧；7—过电流脱扣器；8—欠电压脱口器；9，10，11—衔铁；15—热脱扣器；16—热元件；17—分励脱扣器；18，19—按钮；20—合闸电磁铁

图 2-30 低压断路器的工作原理

1. 正常接通和分断

主触点（1）串接在被保护的三相主电路中，通过操作机构合闸后，主触点由锁键（2）保持在闭合状态，锁键由搭钩（3）支持着，电路接通，正常工作。当需要断路器正常分断时，通过操作机构由杠杆（5）将搭钩（3）顶开（搭钩绕转轴转动），锁键和主触点被弹簧（6）拉开，电路分断。

2. 远距离分闸

分励脱扣器（17）能通过按钮（19）实现远距离分闸。正常工作时，分励脱扣器的线圈没有电流。当需要远距离操作时，按下按钮（19）使线圈通电，电磁铁带动自由脱扣机构动作，使断路器跳闸，切断电路；也可由继电保护装置动作来实现自动跳闸。

3. 欠电压保护

欠电压脱扣器线圈并联在主电路上，相当于一个电压继电器。正常工作时，脱扣器线圈的电压是额定电压，电磁力使衔铁（11）吸合，断路器保持合闸状态。当电路电压过低或消失时，电磁吸力小于弹簧（12）的拉力，衔铁（11）被弹簧（12）拉开，衔铁撞击杠杆，顶开搭钩，使主触点断开，从而实现欠电压保护功能。

4. 过电流保护

过电流脱扣器相当于一个电流继电器，脱扣器的线圈串接于电路中。正常工作时，脱扣器线圈的电流是额定电流，断路器保持合闸状态。当电路发生短路或产生很大的过电流时，过电流脱扣器产生的电磁吸力将衔铁（9）吸合，衔铁撞击杠杆，顶开搭钩，使主触点断开，从而将电路分断。

5. 过载保护

热脱扣器相当于一个无触点的热继电器，脱扣器的线圈串接于电路中。正常工作时，断路器保持合闸状态。当电路发生过载时，过载电流流过热元件（电阻丝），使热脱扣器双金属片受热弯曲，通过杠杆顶开搭钩，使主触点断开，从而起到过载保护的作用。

2.3.5　低压断路器的日常维护与检修

① 在断路器运行过程中，应在其转动部分常常注入润滑油，缺乏润滑油的断路器在使用过程中容易磨损和老化，长期使用下去将会使断路器的内部结构发生一定程度的开裂，会导致一些安全事故的发生，严重时会危及生命。

② 在投入使用前，要将断路器工作面磁铁上的油脂去除，磁铁在断路器里面的作用主要是灭弧，而工作面的磁铁未去油脂的情况下，将对压缩空气产生影响，从而影响后续的灭弧工作过程，容易降低其可靠性。

③ 在定期检查时，应对断路器进行数次不带电的分合闸实验，检测工作性能，看其可靠性如何。此检测为断路器的一项重要性能检测，在高压断路器内占有很高的地位，在低压断路器内也不能忽视。

④ 定期查看各脱扣器的电流整定值以及延时情况，电流整定值由各用户或厂家根据其线路的用电情况来规定，每一个整定值都要确保相应线路的安全，所以整定值在断路器的保护性能上发挥着非常重要的作用。

2.4 主令电器

在自动控制系统中，主令电器是专门用来发出控制指令或信号，接通或断开控制电路，改变控制系统工作状态的电器。主令电器可以直接作用于控制电路，也可以通过电磁式电器的转换对电路实现控制。主令电器按其作用可分为按钮和旋钮开关、万能转换开关和行程开关、刀开关等。

2.4.1 按钮和旋钮开关

1. 功能及分类

在城轨车辆上，旋钮和按钮主要位于司机室设备和主驾驶台上，一些主要指令，如受电弓升起/降落、高速开关分断/闭合、车门的开/关等，都是通过旋钮和按钮进行控制的。按钮开关是一种手动的、可以自动恢复（即自复式）的主令电器，应用非常广泛。通过按钮之间的电气联锁，可实现对其他电气设备的控制和保护。按钮开关主要用于远距离操作接触器和继电器，以切换自动控制电路。

按结构形式可将按钮开关分为旋钮式（用手动旋钮进行操作）、指示灯式（按钮内装有信号灯）和紧急式（装有蘑菇形钮帽），如图 2－31 所示。

图 2－31　按钮开关外形

在城市轨道交通车辆上设置的按钮开关有开、关门按钮，发车按钮，停放制动按钮，紧急制动蘑菇按钮和司机主控制手柄（司机控制器）上的警惕按钮等。其中紧急制动蘑菇按钮安装在司机台上，表面呈红色。当发生紧急情况时，司机按下此按钮，列车将实施紧急制动

（空气制动），受电弓降下，直到列车完全停止。司机主控制手柄上的警惕按钮是用于确认列车处于司机控制状态的控制按钮，用力按下此按钮时，它会自锁，使其触头保持断开状态，列车正常运行；当超过 3 s 或 5 s（各城市地铁参数有所不同）未按下时，则会产生紧急制动以保证列车安全。

2. 基本结构

按钮开关一般由按钮帽、复位弹簧、动触头、静触头、外壳及接线柱组成，如图 2－32 所示。按钮开关图形符号如图 2－33 所示。

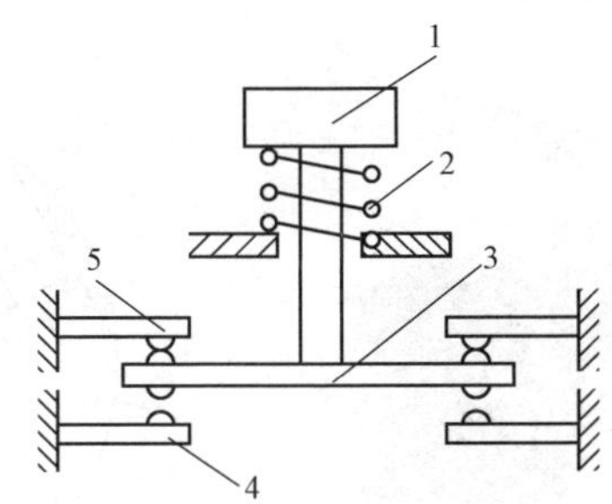

1—按钮帽；2—复位弹簧；3—动触头；4—常开触头；5—常闭触头

图 2－32　按钮开关基本结构

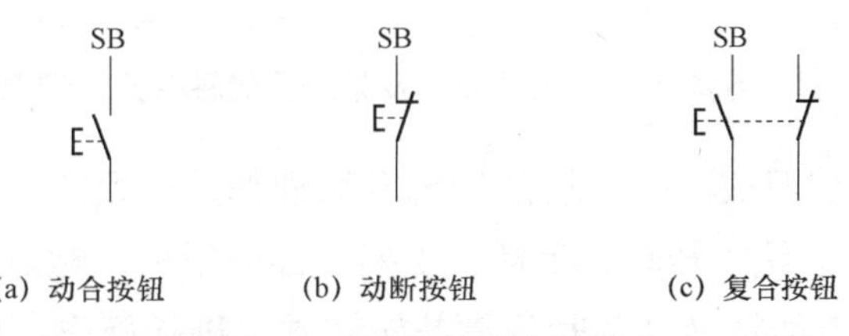

(a) 动合按钮　(b) 动断按钮　(c) 复合按钮

图 2－33　按钮开关图形符号

工作中，为了便于识别不同作用的按钮，避免误操作，通常将按钮帽做成不同的颜色。常用的颜色有红、绿、黑、黄、蓝、白、灰等。通常，按钮帽的颜色遵循以下规定：

①“停止”和“急停”按钮必须是红色的。当按下红色按钮时，必须使设备停止工作后断电。

②“起动”按钮必须是绿色的。

③“起动”与“停止”交替动作的按钮必须是黑色、白色或灰色的，不得使用红色和绿色的。

④“点动”按钮必须是黑色的。

⑤“复位（如保护维电器）按钮必须是蓝色的。当“复位”按钮、“停止”作用时则必须是红色的。

2.4.2 万能转换开关

万能转换开关又称为转换开关，是一种多挡式、控制多回路的主令电器，也是一种由多组相同结构的触头组件叠装而成的手动电器，由于其触头挡数多，换接电路多，故称为万能转换开关。它一般用于电机的故障隔离、电气联锁、电源控制等远距离控制。城轨车辆中的照明开关、故障转换开关、头灯开关等也都用到万能转换开关。

图 2－34 为万能转换开关的外形及某层的触头开闭情况。当手柄转到不同位置时，通过凸轮的作用，触头按需要接通或断开电路。

(a) 外形　　(b) 某一层的触头开闭情况示意图

图 2－34　万能转换开关的外形及某一层的触头开闭情况示意图

万能转换开关由 N 层组成，每一层的结构及原理都是一致的，主要由操作机构、定位装置（凸轮）、触点、接触系统、转轴、手柄、支架等部分组成。触点在绝缘基座内，为双断点桥式结构。人们在使用万能转换开关时依靠凸轮和支架进行操作，控制触点的闭合和断开。

常用的万能转换开关有 LW2、LW5、LW6、LW8、LW12、LW15 等系列，各系列外形如图 2－35 所示。

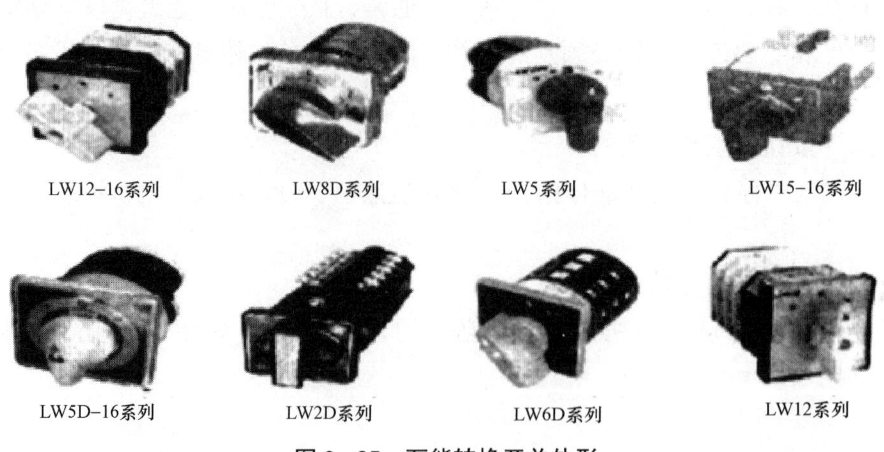

图 2－35　万能转换开关外形

2.4.3 行程开关

行程开关又称限位开关或位置开关，其作用与按钮开关相同，是一种常用的小电流主令电器。它是利用运动部件的行程位置来实现控制的一种电器元件。

行程开关有两类：一类是以机械行程直接接触驱动，可作为输入信号的行程开关和微动开关；另一类是以电磁信号（非接触式）作为输入动作信号的接近开关。

行程开关主要由操作头、触头系统和外壳组成。其中操作头是开关的感应测量部分。常用行程开关的外形如图 2－36 所示。其作用原理是将行程开关安装在预先安排的位置，当运动部件上的撞块撞击行程开关的操作头时，行程开关的触头动作。行程开关的图形符号如图 2－37 所示。

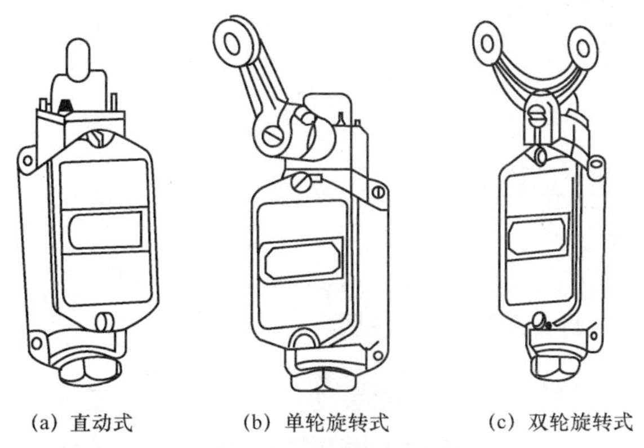

图 2－36 行程开关外形

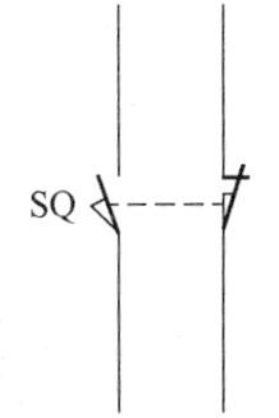

图 2－37 行程开关图形符号

直动式行程开关的结构示意图如图 2－38 所示。当运动机械的挡铁撞到行程开关的顶杆（1）时，顶杆受压使常闭触头（3）断开，常开触头（5）闭合。当顶杆上的挡铁移走后，顶杆在弹簧（2）的作用下复位，各触头又恢复原始通断状态。

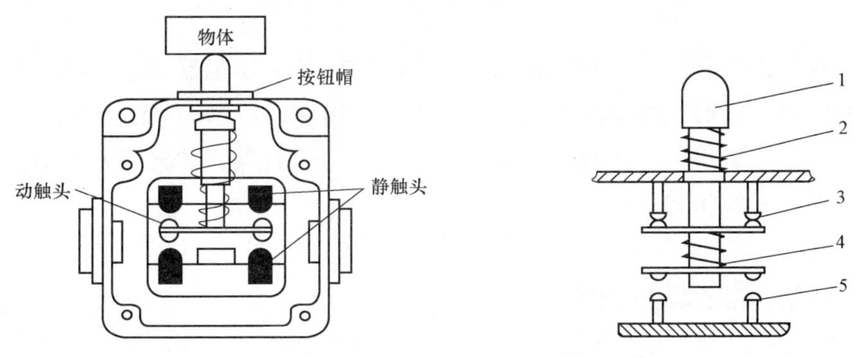

1—顶杆；2—弹簧；3—常闭触头；4—触头弹簧；5—常开触头

图 2－38 直动式行程开关结构示意图

旋转式行程开关的结构示意图如图 2－39 所示。当运动机械的挡铁撞到行程开关的滚轮（1）时，行程开关的杠杆（2）连同转轴（3）、凸轮（4）一起转动，凸轮将撞块（5）压下。当撞块被压至一定位置时便推动微动开关（7）动作，使常闭触头断开，常开触头闭合。当滚轮上的挡铁被移走后，复位弹簧（8）又使行程开关各部件恢复到原始位置。

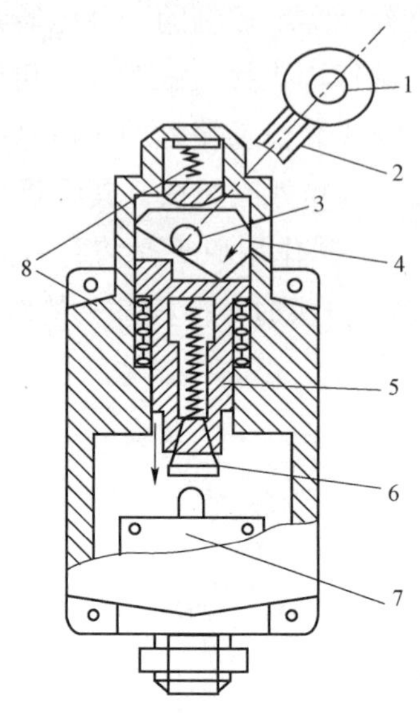

1—滚轮；2—杠杆；3—转轴；4—凸轮；5—撞块；6—调节螺钉；7—微动开关；8—复位弹簧

图 2－39 旋转式行程开关结构示意图

在实际应用中，行程开关是利用运动部件的碰压而使触头动作，从而接通或断开控制电路，达到控制的目的。在城市轨道交通车辆中，行程开关主要用于检测车门开关状态。车门进行开、关动作时，行程开关把机械动作传递给触头系统，触头系统再将机械信号转变为电信号，反映到车门的监控回路，使司机随时了解车门的开、关状态。

2.4.4 刀开关

刀开关又称闸刀开关，是一种结构简单、手动控制的低压电器。它一般用于将交、直流电路中的电源断开，同时能将电路与电源完全隔开，以保证检修人员的安全。

刀开关按刀的极数可分为单极、双极和三极，按是否有灭弧装置可分为不带灭弧罩的刀开关和带灭弧罩的大容量刀开关。

2.4.5 主令电器的故障及检修

1. 按钮触点接触不良

可能存在的原因：触点烧毁，触点表面有污垢，触点弹簧失效。

处理方法：修整触点或更换产品，清洁触点表面，重绕弹簧或更换产品。

2. 触点间短路

可能存在的原因：塑料受热变形，杂物或油污在触点间形成通路。
处理方法：更换产品，并查明发热原因；定期清洁。

3. 手动转动后，内部触点未动

可能存在的原因：轴孔磨损变形，绝缘杆变形，手柄与轴间松动，操作机构损坏。
处理方法：更换手柄，紧固松动部件，修理更换。

2.5　司机控制器

2.5.1　概述

城市轨道交通车辆司机控制器（也称司控器或主控制器）是用来操纵列车运行的主令电器。它是利用控制电路的低压电器间接控制主电路的电气设备。我国城市轨道交通车辆大部分采用 A—B—C—C—B—A 的编组模式，在 A 车的前端各有一个司机室，在每个司机室内各有一台结构完全相同的司机控制器，以便于双端操作，司机控制器在操纵台上的具体位置如图 2－40 所示。

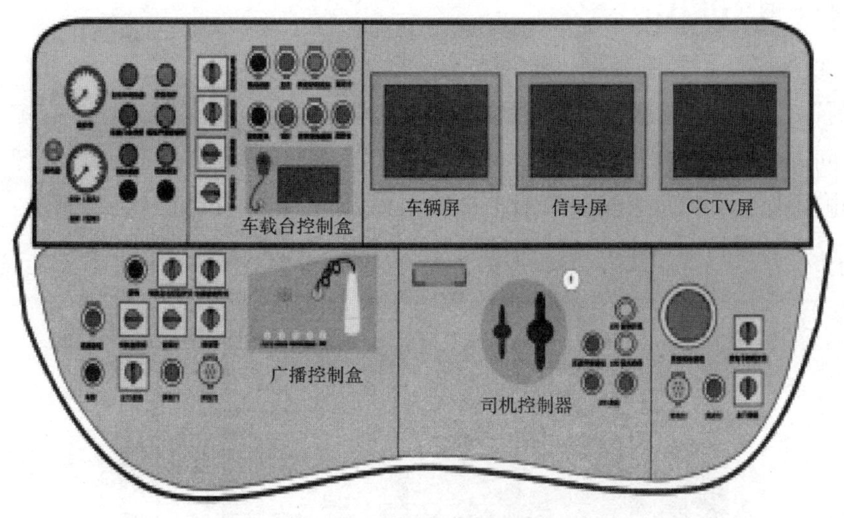

图 2－40　司机控制器在操纵台上的位置

通过司机控制器，司机可以控制列车的牵引、制动工况以及运行方向。此外，司机控制器还具有司机警惕功能，司机控制器质量的好坏直接影响列车操作的平稳性以及各种工况的实现。

司机控制器是一种典型的组合电器，它采用凸轮触点式控制方式。根据操作需要和习惯，司机控制器有多种不同的形式，通常有双控手柄型和单控手柄型，使用较多的是双控手柄型。

2.5.2 司机控制器的基本结构

司机控制器的上层结构主要有主控制手柄（主控手柄）、方式/方向手柄、钥匙开关（机械锁），警惕按钮装在主控制手柄上，机械锁装在司机控制器上；其下层结构包括组合开关、凸轮、传动轴、电位器等。整体结构示意图如图 2－41 所示。

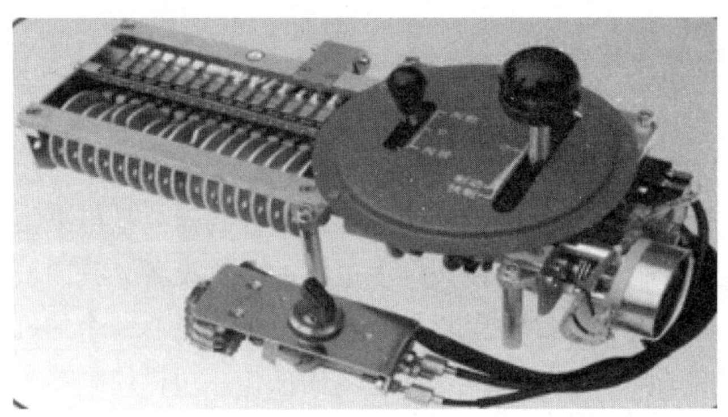

图 2－41 司机控制器整体结构示意图

1. 主控制手柄（DCH）

如图 2－42 所示，主控制手柄用于调节列车的速度，共设 4 个位置："牵引""0"（"惰行"）"制动""快制"。控制手柄在 0 位、牵引最大位、制动最大位、快速制动位时有定位，在 0%～100%牵引区间、0%～100%制动区间均为无级调节；通过转动同轴的驱动电位器来调节输入到电子柜的电压指令，从而达到调节列车牵引力和电阻制动的目的。

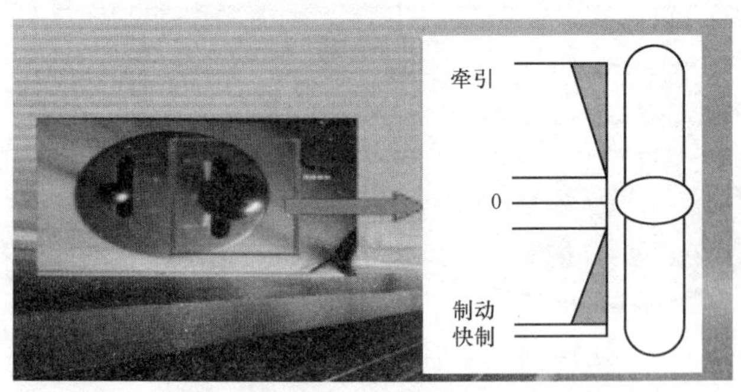

图 2－42 主控制手柄

2. 方式/方向手柄

方式/方向手柄有“向后”“0”“向前”三个挡位，其详细结构如图 2－43 所示。方向手柄在每个挡位均有定位，如果在运行途中改变了方向手柄的位置，列车会立即施加紧急制动。

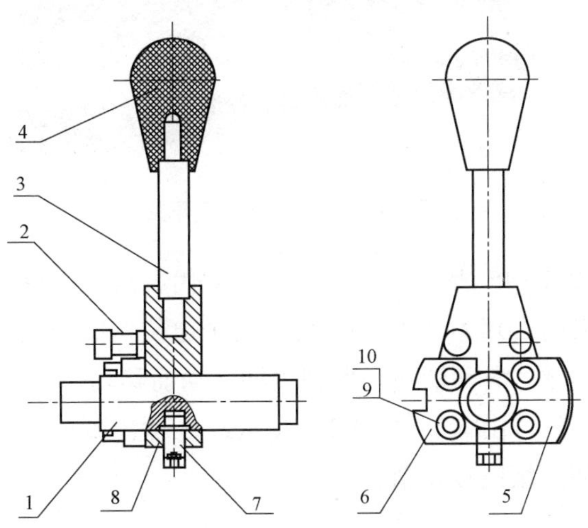

1—换向手柄轴；2—限位柱；3—换向操作杆；4—换向手柄；5—换向齿轮；6—锁闭板；
7—锁紧螺钉；8—换向手柄座；9—M5X25 螺钉；10—垫圈

图 2－43　司机控制器方向手柄详细结构

3. 组合开关

组合开关包括动触头、静触头。

4. 凸轮及转动轴

凸轮及转动轴的作用是使触头按要求开、闭。凸轮、转动轴与组合开关共同实现电逻辑，电逻辑即闭合表的要求由控制轴、换向轴、辅助触头盒及电连接来实现。

当推动主控制手柄时，通过齿轮传动带动控制轴转动，轴上的凸轮随之转动，当凸轮的凸起位置转动到辅助触头盒的杠杆位置时，杠杆受到凸轮凸起部分的挤压而将与其连接的动触头顶开，使该触头盒的常开或常闭状态发生变化，从而使与该辅助触头盒相连接的控制线路的得失电状态发生变化；反之，当凸轮凸起部分转离辅助触头盒的杠杆位置时，由于触头盒自身恢复弹簧的作用，辅助触头盒的触点复原，从而使与该辅助触头盒相连接的控制线路得失电状态恢复原样。凸轮与组合开关如图 2－44 所示。

5. 电位器

主控制手柄底部连接有一个电位器，主控制手柄的调速主要是通过调节电位器的电阻的大小来实现的。当主控制手柄从“0”位移向 100%“牵引”位或 100%“制动”位时，该电位器相应地输出 0～20 mA 电流，向控制电路发出指令信号，以控制车辆运行速度。

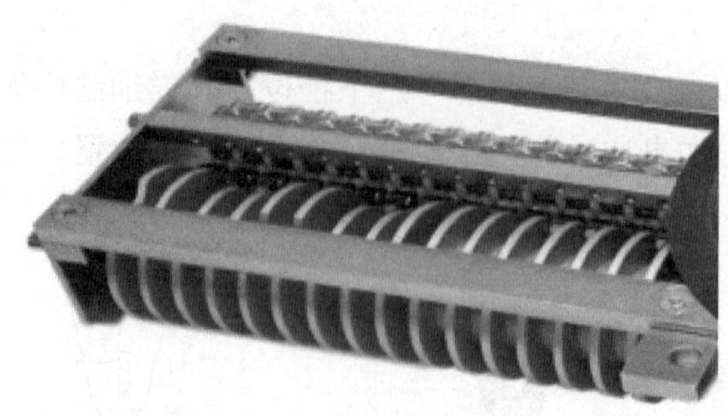

图 2－44　凸轮与组合开关

电位器工作原理如图 2－45 所示，其中的电阻 R 代表的是“牵引”区域或“制动”区域的单边电阻，两边的结构以“0”位为中心对称。两个电位器的公共端屏蔽线接地，另一端经限流电阻接＋15 V 直流电源，滑动端随主控制手柄转动而移动，从而改变滑动端和 15 V 电源之间的电压，这三点电位信号由 X2－2、X2－3、X2－5 输出到控制主机，控制主机根据这一电压信号判断主控制手柄的级位设定值。

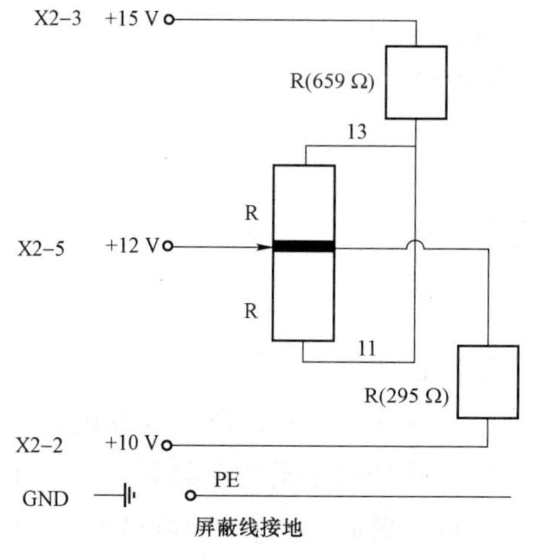

图 2－45　电位器工作原理

6. 钥匙开关

钥匙开关也称司机钥匙，用于激活操纵台。作为起动车辆的电源开关，它设置了 2 个位置：“0”位（关闭位）和“1”位（激活位），两个位置的夹角为 90°，如图 2－46 所示。

①“0”位即“关”位置，司机钥匙只能在此位置取出或插入。在此位置时，主控制手柄和方式/方向手柄不能操作，并且都处于“0”位。

②“1”位即“开”位，如果列车另一端司机室的操纵台没有被激活，可通过转动此开关到“1”位激活该端操纵台。

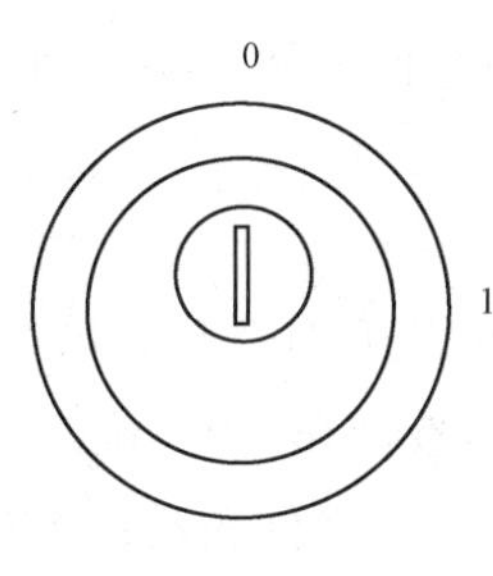

(a) 关闭位置

(b) 激活位置

图 2-46　钥匙开关

7. 警惕按钮

警惕按钮设置在主控制器手柄顶端，是一个分为两个半圆头的开关（或者是能按下或弹起的球形开关）。在正常工作时，司机必须用大拇指将两个半圆合拢（球形开关则是向下按动），只有停车时才放开。警惕按钮如图 2-47 所示。

图 2-47　警惕按钮

人工驾驶模式时，警惕按钮必须按下，在牵引过程中若松开警惕按钮的时间超过 3 s（有的城市地铁车辆设置为 4 s 或 5 s），列车将触发紧急制动。若在规定时间内重新按下警惕按钮，列车不会触发紧急制动，而是保持原来的牵引状态。自动驾驶模式下，警惕按钮不起作用。

2.5.3 机械联锁

为了确保车辆设备的运行安全及运行中操纵的安全，在主控制手柄、方式/方向手柄与钥匙开关间设有机械联锁装置。机械联锁要求是由机械联锁装置实现的，联锁关系内容如下。

① 当机械锁打开时，司机钥匙不能拔出，当机械锁关闭时，司机钥匙可插入或拔出。

② 当机械锁打开时，方式/方向手柄可在“向前”“0”“向后”位之间转动，当机械锁关闭时，方式/方向手柄被锁在“0”位。

③ 方式/方向手柄不在“0”位时，机械锁不能关闭。

④ 方式/方向手柄在“向前”或“向后”位时，主控制手柄可离开“0”位，可在“牵引”和“制动”区域范围内转换；方向手柄在“0”位时，主控制手柄被锁在“0”位。

⑤ 主控制手柄在“0”位时，方向手柄可在“向前”“0”“向后”之间转动；主控制手柄在非“0”位时，方式/方向手柄被锁在原来的位置。

2.5.4 司机控制器的工作原理

列车司机在操纵司机控制器之前，必须先插入钥匙，将钥匙开关转动至“1”位，通过操纵主控制手柄，可使列车按司机意图运行。司机通过扳动主控制手柄使两根不同的轴移动，控制凸轮及组合开关相对应的触点分合，然后通过控制电路控制列车的运行方向，实现列车牵引、制动和惰行工况的转换。

为了实现自动驾驶功能，列车安装了 ATC 系统（列车自动控制系统）。当列车以“ATO”自动驾驶模式运行时，主控制手柄在“0”位，方式/方向手柄在“前进”位，ATP（列车自动防护系统）钥匙开关处于“合”位，此时警惕按钮不起作用。

注意：库内动车只能采用人工驾驶模式。

2.5.5 司机控制器的日常维护与检修

司机控制器的日常维护与检修主要有以下工作内容：

① 司机控制器的铭牌及标识符号应齐全、完整、清晰、正确；

② 司机控制器各部件应清扫干净，绝缘性能良好，对外连接插座连接正确，零部件齐全、完整；

③ 各紧固件齐全，紧固状态良好；

④ 控制手柄在各个挡位之间应转动灵活，无机械卡阻，相邻两挡位之间不应出现停滞现象；

⑤ 换向手柄在各个挡位之间应转动灵活，无机械卡阻，相邻两挡位之间不应出现停滞现象；

⑥ 当方式/方向手柄在“0”位时，主控制手柄被锁定。当方式/方向手柄在“向后”或者“向前”位置时，主控制手柄可以在“牵引”“0”“制动”“快制”位之间移动；

⑦ 当方式/方向手柄在“0”位时，机械锁应转动灵活，机械锁在锁定位置的时候钥匙方可拔出；

⑧ 在司机控制器的各个转动部位加注 6 号机油，在机械联锁处加润滑脂，在刚拉线和对外接线处加汽油和机械油。

复习与思考 2

一、填空题

1. 继电器由__________、__________和执行机构组成。

2. 电流继电器的线圈与负载电路__________联，电压继电器的线圈与负载__________联。

3. 热过载继电器是利用输入电流的__________而做出相应动作的继电器。

4. __________继电器通常是用来传递信号的。

5. 当加在继电器线圈上的电压超过额定电压的 110%时，可能会导致__________损坏。

6. 时间继电器按延时方式分为__________和__________两种。

7. 接触器的触头按用途分为主触头和 __________。

8. 接触器的切换能力是指__________负载的能力。

9. 电磁接触器是用__________来驱动衔铁，进而带动触头闭合或断开，以控制电路。

10. 接触器是用来接通或__________主电路的一种控制电器。

11. 电空接触器是通过__________的作用，使压缩空气按一定的要求进入或排出接触器传动风缸，使活塞动作，从而带动触头闭合或断开，达到控制电路的目的。

12. 电空接触器是以电磁阀控制，用__________驱动的接触器。

13. 自动空气开关主要由触头系统、__________、灭弧装置及脱扣器等组成。

14. 空气开关与接触器的不同点是能切断__________。

15. 低压断路器按结构形式可分为__________、__________两种。

16. 司机控制器是操纵城轨车辆的重要电器，通过它对__________的控制来间接控制主电路的电气设备，使司机操纵列车运行。

17. 在列车牵引过程中，松开警惕按钮超过__________时间，列车将实施紧急制动。

18. 司机钥匙开关有两个位置，其夹角为__________。

19. 手动模式下，列车牵引指令是由__________发出的。

二、选择题

1. 一般继电器的触头属于（　　）的触头。

   A. 点接触　　B. 线接触　　C. 面接触　　D. 滑动接触

2. 有触点继电器的执行机构是（　　）

   A. 铁芯　　B. 衔铁　　C. 触头　　D. 线圈

3. 在城轨车辆上，继电器常用于（　　）电路中。

   A. 主　　B. 辅助　　C. 控制

4. 继电器一般是指控制电路中的主令电器和执行电器之间进行逻辑（　　）的控制电器。

A. 转换　　B. 传递　　C. 转换、传递　　D. 控制

5. 时间继电器的文字符号是（　　）。

A. KT　　B. KC　　C. KA　　D. FR

6. 接触器是一种用来接通或切断（　　）的开关电器。

A. 较大电流电路　　B. 较小电流

C. 短路电流　　D. 过载电流

7. 电磁接触器是用电磁力来驱动（　　），进而带动触头闭合或断开，以控制电路。

A. 衔铁　　B. 转轴　　C. 动触头　　D. 静触头

三、判断题

1. 继电器一般不能用来开断主电路。（　　）
2. 电子式时间继电器属于有触点电器。（　　）
3. 机械式继电器的输入量和输出量都不是电量。（　　）
4. 差动继电器有两组线圈，任何一组线圈有电都会使继电器衔铁动作。（　　）
5. 电磁式时间继电器的延时调节依靠面板上的旋钮。（　　）
6. 热过载继电器的发热元件一般是并联在被保护设备中。（　　）
7. 司机控制器是一组转换开关，通过扳动两根不同的轴，控制凸轮与组合开关相应的触点分合。（　　）
8. 主控制手柄必须置于“0”位才能操作方式/方向手柄改变方向。（　　）
9. 钥匙开关处于“0”位，方式/方向手柄被锁定在“0”位。（　　）
10. 司机警惕按钮在自动模式下使用。（　　）
11. 列车在运行过程中，若改变了方式/方向手柄的位置，会触发列车紧急制动。（　　）
12. 一列车的两个司机室主控制器钥匙开关是电气互锁的。（　　）
13. 司机控制器有自动驾驶和人工驾驶功能，在库内均可应用。（　　）
14. 司机控制器主控制手柄有“牵引”和“制动”两个位置。（　　）

四、问答题

1. 试述电流继电器的结构、特点及工作原理。
2. 什么是时间继电器？试述断电延时时间继电器的动作原理。
3. 简述热过载继电器的主要结构，并说明热过载继电器是如何保护电路的。
4. 试分析电磁式继电器的常见故障。
5. 试述电空接触器的主要结构及工作原理。
6. 说明接触器和继电器的相同点和不同点。
7. 接触器的检修和检查测试包括哪些内容？
8. 常用的主令电器有哪些？试举例说明主令电器在城市轨道交通车辆上的应用。

9. 行程开关的动作方式有哪几种？简述行程开关的基本结构和作用原理。
10. 低压断路器的特点有哪些？
11. 主控制手柄、方式/方向手柄与司机钥匙开关之间的联锁关系有哪些？
12. 司机控制器的主控制手柄上设有警惕按钮，该警惕按钮有何作用？

第 3 章

车辆牵引系统电器

牵引系统是城市轨道交通车辆的核心部分，是列车牵引力和电制动力得以实现的载体，图 3－1 中的直—交传动牵引系统组成示意图是目前国内城市轨道交通车辆应用最广泛的一种传动方案。整个系统由受电弓、高速断路器（HSCB）、VVVF 牵引逆变器、牵引控制单元（由 DCU 和 UNAS 共同组成）、牵引电机和制动电阻等组成。受电弓从接触网受流，通过高速断路器后，将高压直流电送入 VVVF 牵引逆变器，VVVF 牵引逆变器采用 PWM 脉宽调制模式，将高压直流电逆变成电压和频率均可调的三相交流电，平行供给车辆 4 台三相异步牵引电机，并根据司机控制器或列车自动控制系统等外部输入控制信号对牵引电机进行调速，实现列车的牵引和制动功能。在牵引工况时，牵引电机作为电动机运行，电网提供的 1 500 V（或 750 V）直流电经 VVVF 牵引逆变器逆变后输出的三相交流电经牵引电机转换为机械能，驱动车辆轮对，从而牵引列车运行；在制动工况时，牵引电机作为发电机运行，通过牵引电机将列车的动能转化为电能，并经 VVVF 牵引逆变器、高速断路器、受电弓等将电能反馈回电网，如果电能不能反馈回电网，则通过 VVVF 牵引逆变器把电能消耗在制动电阻上，以热能的形式散发掉，从而实现列车的电制动。

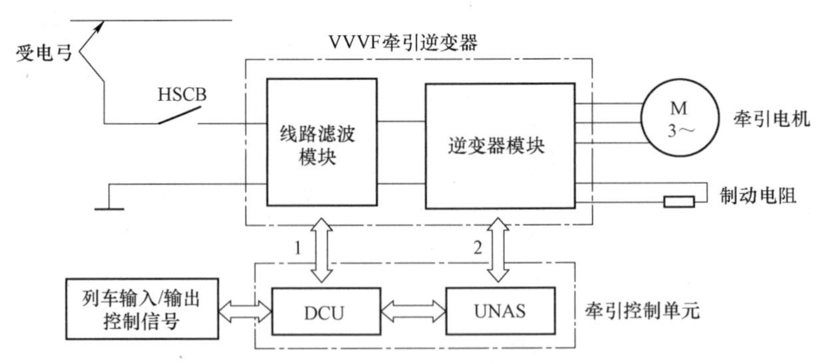

图 3－1　直—交传动牵引系统组成示意图

本章主要介绍城市轨道交通车辆牵引系统中的主型电器，如受流装置、隔离开关、避雷器、熔断器、高速断路器、接地装置、牵引逆变器及制动电阻器等。

为了能够获得更好的牵引和电制动性能，城市轨道交通车辆牵引系统都是分散配置在列车上，在设计、选型时也要考虑多方面因素，比如线路纵断面（坡度/曲线）、城市轨道交通线路的站间距、线路设计运行速度等。牵引系统功率配置要能够满足列车在所运行的线路上按照设计速度运行。另外，为了乘客人身安全、检修人员作业方便及设备的配重要尽量均匀等因素，城市轨道交通车辆电器一般都封装在相对密闭的设备箱体内，并吊挂在相应车体底架处。由于各城市线路的不同，所以设计出的电客车电器设备的种类及分布也不尽相同，图 3－2 为庞巴迪公司与长春客车厂生产的某型城轨车辆主要设备配置图，列车为两单元六节车编组，也称为 4M2T（四动两拖）编组列车，记为－A*B*C=C*B*A－，其中 A 为带驾驶室的拖车（有时也记作 Tc 车），B 为带受电弓的动车（有时也记作 Mp 车），C 为不带受电弓的动车（有时也记作 M 车）。由于 B 车和 C 车都为动车，所以车辆牵引系统高压电器主要集中安装在 B 车和 C 车。

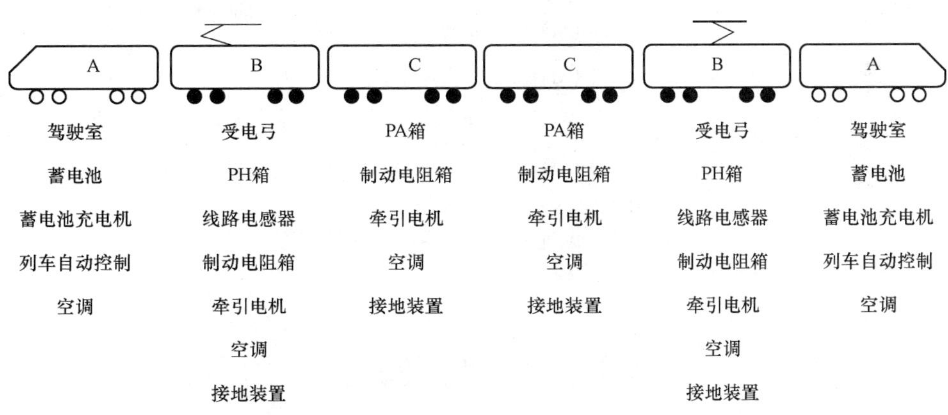

图 3－2　城轨车辆主要设备配置示例

图 3－3 为与图 3－2 对应的车辆牵引系统总体控制图。从中能够更清楚地看出该车辆 B 车车底 PH 箱和 C 车车底 PA 箱的设备布置。

其中 PH 箱主要安装有高压隔离开关、车间电源插座、B 车的 VVVF 牵引逆变器以及控制 B 车和 C 车牵引电路的高速断路器，PA 箱主要安装有 C 车的 VVVF 牵引逆变器和本单元辅助逆变器。

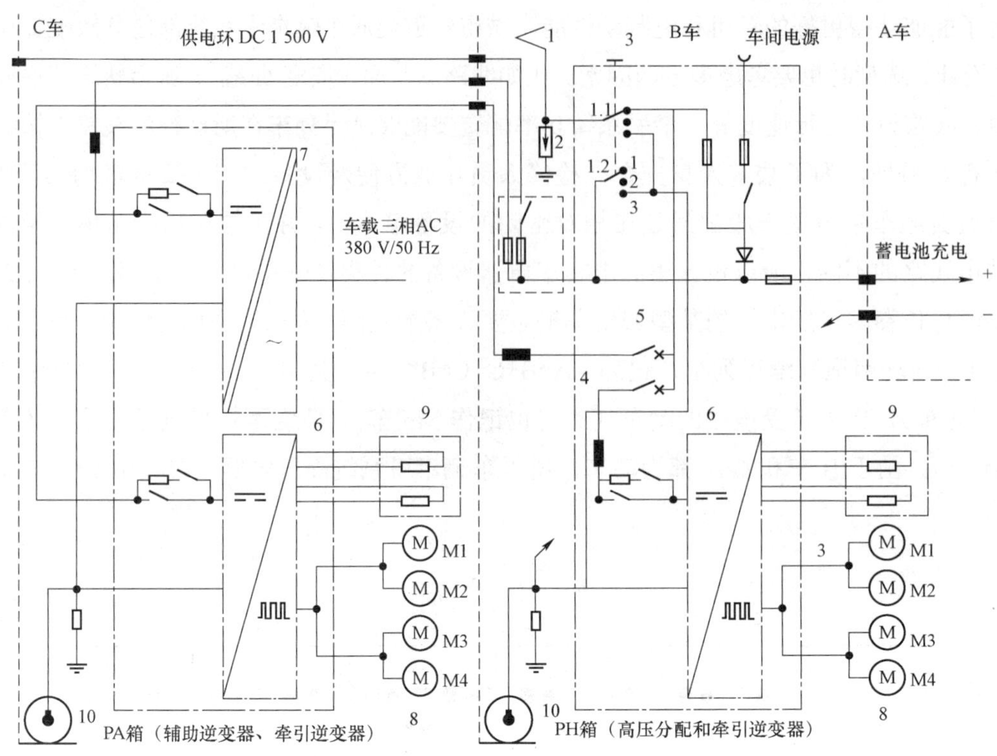

1—受电弓；2—避雷器；3—高压隔离开关；4，6—牵引逆变模块；5—高速断路器；
8—牵引电机；9—制动电阻；10—轴端接地装置

图 3－3　城轨车辆牵引系统总体控制图

3.1　受流装置

所谓受流装置，是指从供电电网取电并将电流馈送到电动车辆上去的装置。城市轨道交通车辆的受流装置一般分为受电弓和集电靴两种，如图 3－4 所示。受电弓又分为柔性架空接触方式和刚性架空接触悬挂方式两种；集电靴又分为上磨式、下磨式和侧磨式三种。

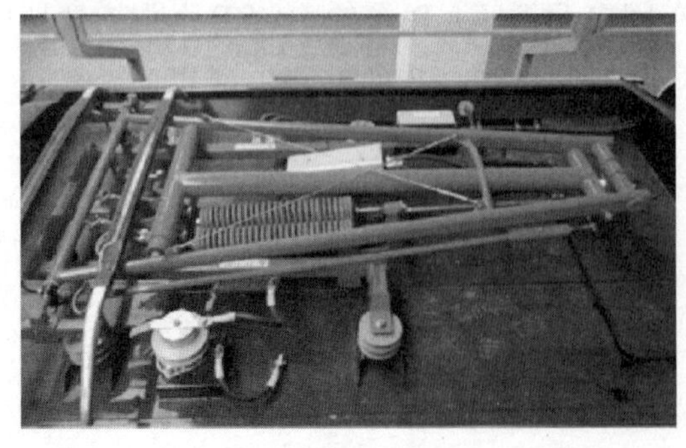

(a) 受电弓

(b) 集电靴

图 3－4　受流装置

由于城市轨道交通电动车组的运行速度不是很高，受电弓和集电靴均能满足受流稳定性要求。受电弓主要应用于接触网供电的城市轨道交通车辆，安全性较高，但具有检修维护繁杂、影响城市景观等缺点；集电靴主要应用于第三轨供电的城市轨道交通车辆，具有检修维护方便的优点，但是安全性较差，需要严格的安全管理制度；同时使用两种供电方式将会集成弓、靴的优点，但是电路控制更加复杂，对供电的安全性提出了更高的要求，必须对相应的高压电路、低压控制电路进行严密、完善的互锁控制逻辑，否则将造成各种供电方式使用混乱，严重时会发生严重的电气安全事故。另外，在具体工程中，各城市根据自身城市轨道交通工程的特点也会考虑资金成本、原受流方式、限界条件、杂散电流腐蚀防护问题、再生能量的利用问题、供电可靠性与事故抢修问题等各方面因素，所以目前国内城市轨道交通公司都会根据自身情况综合评估后对两种供电方式进行选择。

城市轨道交通供电方式一般采用直流供电。目前，世界各国城市轨道交通的供电电压大多为 DC 600～3 000 V。我国城市轨道交通将 DC 750 V（波动范围为 DC 500～900 V）和 DC 1 500 V（波动范围为 DC 1 000～1 800 V）列为直流牵引供电系统的标准电压等级。随着我国城市化率的提高、城市规模的扩大、城市客运量的上升，对城市轨道交通的客运能力也有了更进一步的要求，因此我国城市轨道交通牵引供电制式一般采用 DC 1 500 V。

3.1.1 受电弓

一般情况下，受电弓通过绝缘子安装在 Mp 车车顶二位端，接受来自接触网的 DC 1 500 V 电源。两个受电弓分别给本单元的牵引系统供电，并通过辅助高压母线同时向整车辅助逆变器供电。在每辆 Mp 车车顶受电弓附近设置一个浪涌吸收器，可以有效地防止来自车辆外部的大气过电压和车辆内部的操作过电压对车辆电气设备的破坏。在 Tc 车底架设置一台辅助高压箱，辅助高压箱上设置隔离开关，通过转换接地隔离开关可实现受电弓与车间电源供电的隔离与互锁。

1. 受电弓的分类

① 按结构形式分，可分为单臂受电弓（如图 3-5 所示）和双臂受电弓（如图 3-6 所示）。

② 按驱动形式分，可分为气动式受电弓和电动式受电弓（两种受电弓的升弓动力分别依靠压缩空气和电动机）。

③ 按压缩空气驱动方式，可分为气缸驱动式受电弓和气囊驱动式受电弓。

一般地铁车辆、轻轨车辆大多采用单臂受电弓。

(a) 气缸驱动式受电弓

(b) 气囊驱动式受电弓

图 3-5 单臂受电弓

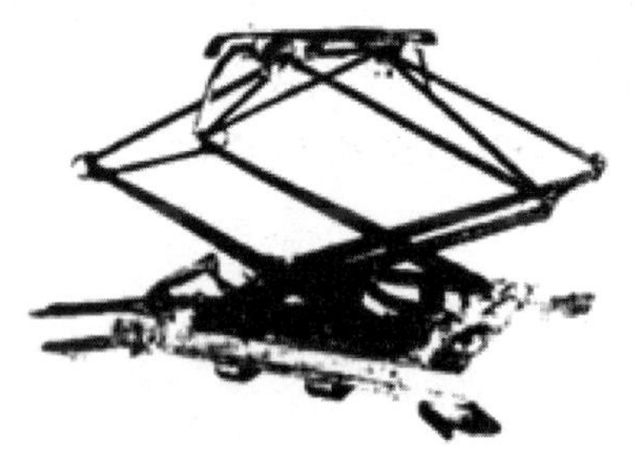
(a) 菱形双臂受电弓

(b) 交叉型双臂受电弓

图 3-6 双臂受电弓

2. 升降弓基本要求

升弓时，对接触网无有害冲击；降弓时，对受电弓底架无有害冲击。这些要求均由传动装置来保证。传动装置使受电弓在升降开始时动作迅速，在升降快到位时动作比较缓慢。降弓开始时动作迅速，可使受电弓很快断弧；升降快结束时动作缓慢，可防止对受电弓底架有过大的机械冲击。升弓时，动作快结束时动作缓慢，可防止受电弓对接触网的冲击。

3. 气囊驱动式受电弓

1）气囊驱动式受电弓结构

气囊驱动式受电弓简称气囊式受电弓，其结构如图 3-7 所示。

从图 3-7 可以看出，气囊式受电弓主要由以下部件构成：

① 底架。底架采用无缝矩形管材料，在机械加工完成后焊接而成，具有强度高、重量轻等特点。底架上预留有经过了防腐处理的高压电缆接线板及避雷器接线板。

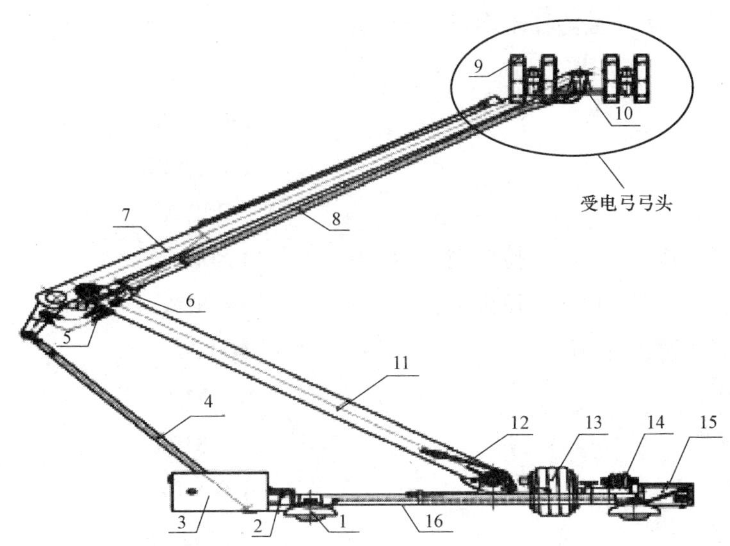

1—支撑绝缘子；2—截断塞门；3—气源控制箱；4—拉杆；5—分流导线；6—液压阻尼器；7—上臂杆；8—平衡杆；
9—碳滑板；10—横托架；11—下臂杆；12—钢丝绳；13—气囊；14—小绝缘子；15—电气控制盒；16—底架

图3-7　气囊式受电弓结构图

② 下臂杆。下臂杆采用无缝钢管经机械加工后焊接而成，同时在下臂杆上采用转动轴承技术，使受电弓的转动更加灵活。

③ 上臂杆。上臂杆采用高强度的铝合金材料，使上臂杆的受流性能明显增强，且重量减轻，同时不会影响上臂杆的强度。

④ 弓头。弓头采用悬挂式的设计，同时结构采用缓冲效果良好的缓冲装置，使受电弓弓头的随网性大大提高。

⑤ 液压阻尼器。受电弓的缓冲是通过安装在下臂杆和上臂杆上的液压阻尼器来实现的。通过安装液压阻尼器使弓头的碳滑条有很好的随网性。液压阻尼器能在-40～+100℃环境下使用。

⑥ 拉杆。拉杆采用非焊接整体拉杆。当拉杆绕底架的回转中心转动时，受电弓弓头的位置被改变。

⑦ 平衡杆。平衡杆是使受电弓弓头在整个工作高度范围内（包括升到最大高度）趋于水平，在车辆运动过程中通过缓冲调整装置消除外力对弓头在运动过程中的干扰。

⑧ 气囊。气囊为受电弓的升弓动力来源，当车内压缩空气通过受电弓气源控制箱进入气囊组装后，气囊向水平方向移动，带动钢丝绳使下臂杆旋转，升起受电弓。气囊前端装有一个紧靠气缸的截断塞门，可防止登顶检修时意外升弓。

⑨ 碳滑板。浸金属碳滑板具有自润滑性好、强度高、耐磨、导电性和导热性优异等特点，克服了纯碳滑板强度较低、易断及粉末冶金滑板对铜导线磨耗较大的缺点，是电力机车受电

弓较理想的滑板，适用于在铜导线或钢铝导线混架区段使用。

2）气囊驱动式受电弓主要技术参数（以杭州地铁2号线所用受电弓为例）

额定电压：	DC 1 500 V
电压范围：	DC 1 000～1 800 V
最高电压：	DC 2 000 V
额定电流：	1 200 A
最大牵引电流（周期 100 s，持续时间 8 s）：	1 800 A
最大制动电流（周期 100 s，持续时间 5 s）：	2 000 A
最大停车电流（静态电流）：	400 A
额定工作气压：	0.5 MPa
最小工作气压：	0.4 MPa
最大工作气压：	1.0 MPa
适用车辆速度：	120 km/h
受电弓的电气间隙（不包含受电弓安装支座）：	≥40 mm
绝缘子的爬电距离：	≥100 mm
受电弓最大横向偏移量：	≤30 mm
带绝缘子的落弓高度：	（320±10）mm
带绝缘子的最小工作高度：	400 mm
带绝缘子的最大工作高度：	2 300 mm
带绝缘子的最大升弓高度：	（2 880±100）mm
受电弓总长：	2 430 mm
弓头长度：	（1 700±10）mm
弓头宽度：	（300±5）mm
弓头高度：	（245±5）mm
弓头的自由度：	≥10°
受电弓质量（不包括绝缘子）：	≤160 kg
碳滑板材质：	浸金属

3）气囊驱动式受电弓工作原理

（1）升弓过程。

如图 3－8 所示，司机按下升弓按钮后，供风单元内的电磁阀（1）得电动作，压缩空气通过进气口进入受电弓气路单元。进入的压缩空气依次经过空气过滤器（2）、节流阀（3）、精密减压阀（4）、气压表（7）、三通座（5）、安全阀（6）、球阀（8），进入气囊升弓装置。气囊膨胀，沿水平方向拉伸，并带动钢丝绳对下臂杆产生升弓转矩，弓头在下臂杆的驱动下向上升起，直到受电弓弓头上的碳滑板与接触网接触并保持在一定的接触压力下。

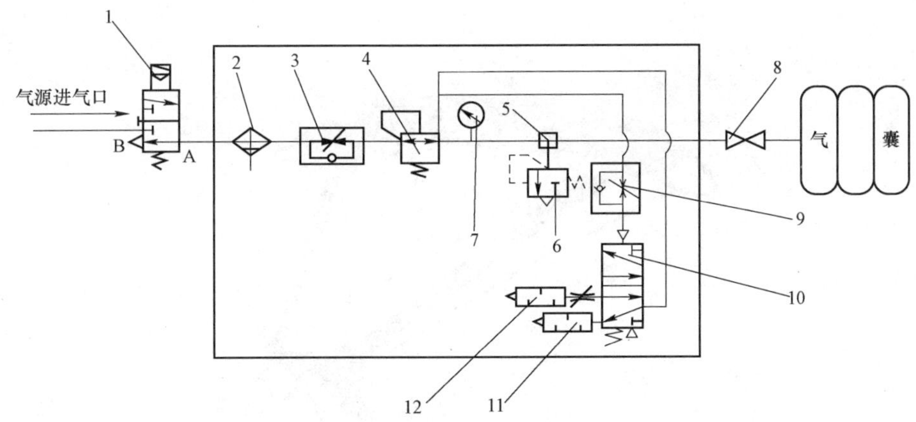

1—电磁阀；2—空气过滤器；3—节流阀；4—精密减压阀；5—三通座；6—安全阀；7—气压表；8—球阀；9—节流阀；10—换向阀；11—消音器；12—消音节流阀

图 3－8　控制单元气路简图

（2）降弓过程。

司机按下降弓按钮后，电磁阀（1）失电，向受电弓供应压缩空气的气源被切断，并将受电弓气路与大气连通，则气囊升弓装置排气，受电弓靠自重下降，脱离与接触网的接触，从而使接触网与车辆之间的电源供应被切断。受电弓最后下降至弓头转轴，停放在受电弓底架的两个橡胶止挡上。同样，该受电弓也设置了降弓到位指示装置，采用行程开关提供降弓到位信号。

4. 气缸驱动式受电弓

1）气缸驱动式受电弓的结构

气缸驱动式受电弓主要由底架、支持绝缘子、下部框架、上部框架、滑板机构、传动气缸、控制机构等组成，如图 3－9 所示。

① 底架：由方形管或型钢焊接而成，用于支撑整个框架。底架上装有升弓弹簧，一端与梁相接，另一端与下臂杆相连。底架上还安装有铜接线排及连接列车主电源的电缆。底架是整个受电弓受流运动部件的安装基座，应具有足够的机械强度及耐受一定电压的电气性能。

② 支持绝缘子：安装在车顶，一方面用于支撑底架，另一方面可将车体与受电弓进行电气隔离。绝缘子必须具有良好的电气绝缘性和机械性能，一般由陶瓷和玻璃纤维聚酯压制而成，或由陶瓷和绝缘塑料压制而成。

③ 下部框架：由下臂杆、转轴（下臂杆与转轴焊接在一起）、下部导杆等组成。下臂杆由钢管制成，用于支撑受电弓上部框架和滑板机构，传递升降弓力矩，其长度决定了受电弓的工作高度。下臂杆、下部导杆的一端通过活动接头与上部框架相连，另一端固定在底架上。下部导杆的作用是：当下臂杆转动时使滑板上升或下降，并保持其运动轨迹基本为一铅垂线。

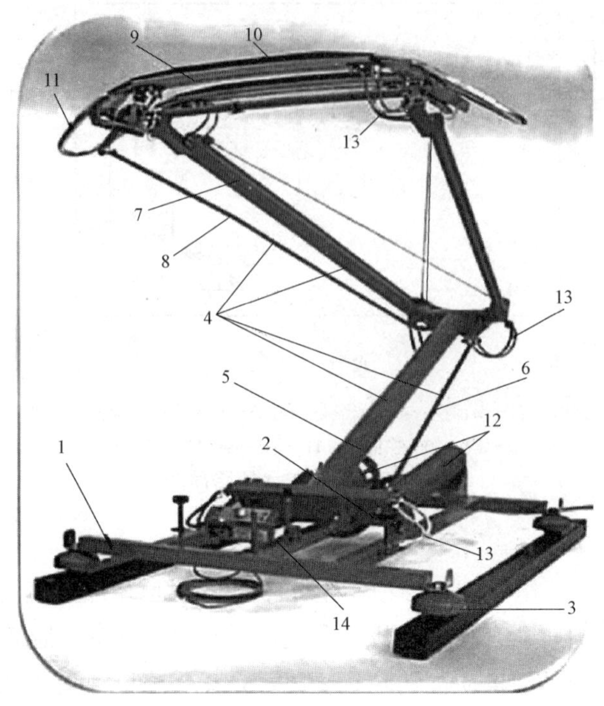

1—基础框架；2—高度止挡；3—支持绝缘子；4—框架；5—下臂杆；6—下部导杆；7—上臂杆；8—上部导杆；
9—集流头；10—接触带；11—端角；12—升降弓装置；13—电流传送装置；14—吊钩闭锁器

图 3－9　气缸驱动式受电弓结构

④ 上部框架：用于支撑滑板机构，传递向上的作用力，保证受电弓的工作高度。为了减轻重量，上部框架采用高强度铝合金焊接而成。上部框架由上部支撑架和上部导杆组成，其作用是使碳滑板在整个运动高度上均保持水平状态。上部支撑架和上部导杆的长度可变。

⑤ 滑板机构（弓头）：弓头是受电弓与架空导线接触受流的部分。主要由滑板（集流头）、接触带、端角和弹簧盒等组成。受电弓滑板的种类有铜滑板、碳滑板、铁基或铜基粉末冶金滑板以及金属碳滑板等。使用较多的是碳滑板和粉末冶金滑板。对滑板材料的要求是：硬度适中，导电性能好，接地电阻较小，重量轻，与导线滑动接触过程中具有较小的磨耗。由轻金属制成的端角可以防止在接触网交叉处架空导线进入滑板底下而造成弓网事故的发生。弹簧盒中装有螺旋压缩弹簧，其作用是保证弓头的垂向自由度，以改善受流性能。

由于滑板是直接与架空导线接触受流的部件，所以它是受电弓故障率较高的部件之一，其常见故障是磨耗到限和拉槽，需要检修人员定期检查是否磨耗到限、磨耗是否均匀、有无断裂裂痕等。

⑥ 传动气缸：安装在受电弓底架上，由电磁阀控制。传动气缸内有活塞、活塞杆和降弓弹簧。传动气缸通过活塞杆带动与下臂杆连接的转轴来使受电弓动作。

⑦ 控制机构：用于控制气缸的动作，主要由单向节流阀、电磁阀、调压阀、安全阀和空

气过滤器组成。升弓和降弓速度可以通过节流阀调节。

2）气缸驱动式受电弓的工作原理

（1）升弓过程。

在列车激活及驾驶台激活的前提下，司机按下升弓按钮，受电弓电磁阀得电，打开风源至传动气缸的进气口。压缩空气经过空气管路进入传动气缸后压缩降弓弹簧，并推动活塞、活塞杆移动，活塞杆在升弓弹簧的作用下带动转轴、下臂杆做旋转运动，上部框架在下部导杆的作用下向上抬起，使滑板与接触网导线接触，升弓完成。

升弓时的气路示意图如图 3－10 所示，升弓初始时，降弓弹簧的压力最小，因此克服该力所需的风压较小，此时节流阀进出风压差最大，所以此时传动气缸的活塞杆左移较快。随着受电弓不断升起，降弓弹簧的压力不断增大，克服该力所需的风压也不断增大，此时节流阀口的风压差不断减小，所以活塞杆左移渐慢，升弓速度也渐慢，由此保证了升弓过程的“先快后慢”，避免升弓时对接触网造成过大的冲击。另外，可通过调节节流阀口的大小来初步调整升弓时间。

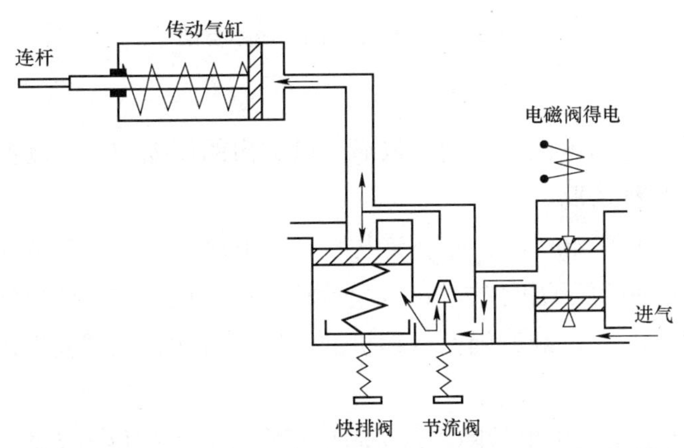

图 3－10　升弓时的气路示意图

（2）降弓过程。

在列车激活及驾驶台激活的前提下，司机按下降弓按钮，受电弓电磁阀失电，风源停止向传动气缸供风，压缩空气从传动气缸排向大气，受电弓在降弓弹簧及自身重力的作用下，使下臂杆转动，上部框架落下，带动滑板离开接触网导线降至最低位置，降弓完成。

降弓时的气路示意图如图 3－11 所示。降弓过程分为两个阶段，即“先快后慢”。降弓开始时，受电弓电磁阀失电，由于快排阀上、下产生压差，使快排阀打开，传动气缸内的压缩空气经快排阀口排出，如图 3－11（a）所示。随着传动气缸内的空气压力不断减小，快排阀上、下压差不足以克服弹簧的作用而使活塞上移，快排阀关闭，此时传动气缸内的压缩空气只经节流阀排向大气，如图 3－11（b）所示。降弓初期受电弓与接触网快速分离，可以避免降弓过程中产生电弧，灼伤受电弓滑板；降弓后期速度变慢，可避免受电弓对车顶造成过大冲击。另外，通过改变节流阀口的大小，调节快排阀弹簧的压缩量，可以控制快排时间的长短，从而调整降弓时间。

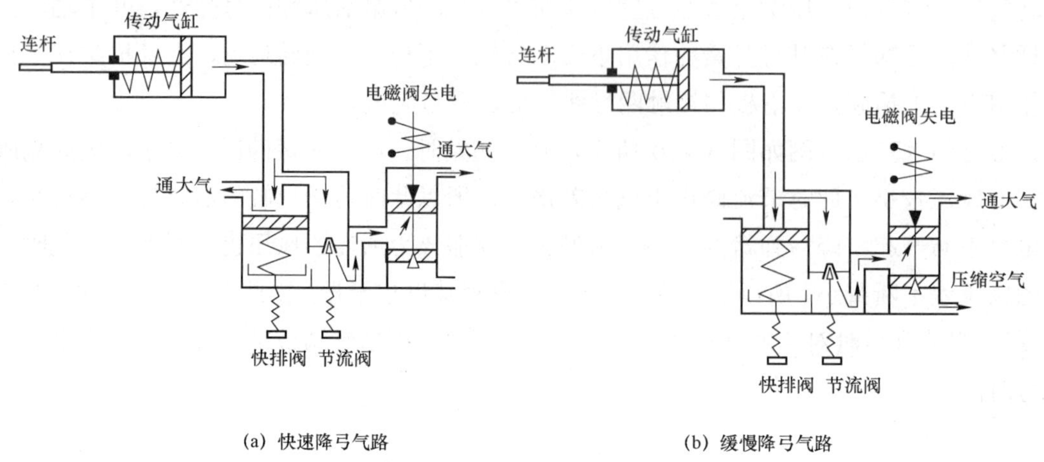

图 3－11　降弓时的气路示意图

（3）紧急操作。

正常情况下，受电弓由电磁阀控制，依靠主风缸内的压缩空气驱动升起，如遇紧急情况需要升弓，则有以下两种情况。

① 当总风缸气压低于 400 kPa 时，受电弓无法正常升弓，若蓄电池有电，可按下位于 Mp 车二位端电气柜的辅助压缩机控制按钮，起动辅助压缩机，当辅助升弓缸气压大于 800 kPa 或辅助压缩机起动 3 min 后，断开辅助压缩机的电源，再次起动需要重新按下辅助压缩机控制按钮。

② 当车载蓄电池馈电或供电故障，无法满足正常升降弓的供电需求时，司机可采用位于 Mp 车二位端空调柜内的脚踏泵进行升弓操作，先将二位三通阀打到脚踏泵位，取出脚踏泵进行踩踏，全行程不间断踩踏需 60 次左右。

3）气缸驱动式受电弓主要技术参数

受电弓的主要技术参数有电气参数、机械参数和几何尺寸参数，参考示例如表 3－1 所示（适用场合：A 型车，网压 DC 1 500 V，4M2T 编组）。

表 3－1　气缸驱动式受电弓主要技术参数示例

技术参数	参数取值
额定电压/V	DC 1 500
电压范围/V	DC 1 000～1 800
额定电流/A	1 050

续表

技术参数	参数取值
最大起动电流（30 s）/A	1 600
最大停车电流/A	460
标准静接触压力/N	120±10
静压力调节范围/N	100～140
滑板单向运动在工作高度范围内压力差/N	≤10
滑板在工作高度范围内同一高度上升与降的压力差/N	≤15
列车运行速度/（km/h）	≤90
传动装置压力/kPa	额定 550，最小 300，最大 800
主要尺寸（带绝缘子的高度）/mm	300（折叠高度：300＋10）
最大升起高度/mm	1 700
碳滑板长度/mm	800
弓头宽度/mm	1 550
升降弓时间/s	升弓≤8，降弓≤7
绝缘性能	交流 50 Hz/5.75 kV 干闪络电压 1 min； 交流 50 Hz/4.75 kV 湿闪络电压 1 min
机械寿命	1.5×10^4 次
受电弓总重（绝缘子除外）/kg	200

5. 电动机驱动式受电弓

电动机驱动式受电弓简称电弓，其升降弓由一台直流电机正、反转驱动，驱动电力由列车低压总线 DC 110 V 供给。电动机驱动式受电弓的外观如图 3－12 所示，其主要结构有上部撑杆、下部撑杆、平行导向杆、集电头、基架、弓头羊角、升弓装置等。

1）基架

基架由无缝钢管焊接而成，安装在基架上的零部件有：下部撑杆、调节杆、升弓装置、电器控制箱及落弓装置等。上部框架包括上部撑杆和平行导向杆。上部撑杆采用铝合金材质，通过交叉的钢索设计取得必要的侧向稳定性。平行导向杆采用碳钢材料。安装在上部框架上的零件有弓头羊角、液压往复式减振器、集电头。

2）弓头羊角

弓头羊角安装在位于上部框架的碳滑板托架上，其叶状弹簧用于支撑碳滑板，平行导向铰链装置可确保碳滑板平行于悬链。由于它们附于支撑盒内，所以，在图 3－12 中无法显示出来。

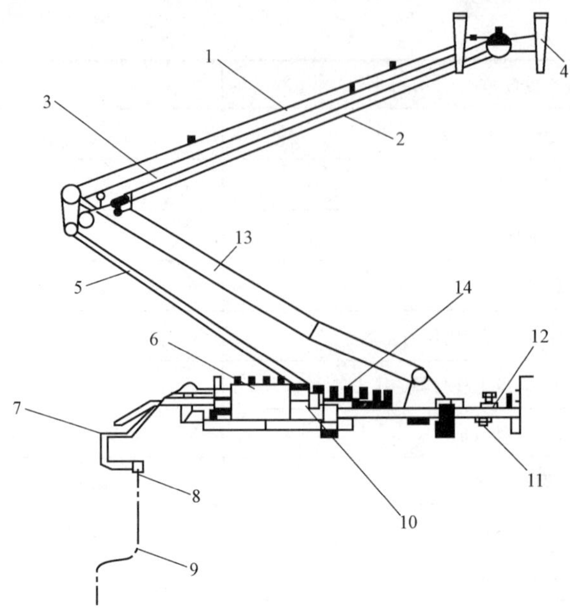

1—上部撑杆；2—平行导向杆；3—液压往复式减振器；4—集电头；5—调节杆；6—电气控制箱；7—连接杆；8—连接头；9—手摇柄；10—电控降弓机构；11—安全锁；12—基架；13—下部撑杆；14—升弓装置

图 3-12 电动机驱动式受电弓

3）平行导向杆

当受电弓升弓或降弓时，平行导向杆用于防止弓头羊角变形。其综合长度等于羊角以悬挂方式自由运动的长度，它能使碳滑板各处磨损相同。

4）液压往复式减振器

受电弓的悬浮是通过位于上框架与下部撑杆间的液压往复式减振器来获得的，这样可以保证碳滑板与高架电线间的良好接触。

5）电控降弓机构

受电弓的下降是通过电控降弓机构来完成的。它绝缘地安装在底架和下部撑杆之间，其下部配备有接地连线。

6）安全锁

当受电弓处于静止位置时，安全锁可防止受电弓移动，因此可防止降弓行为的发生。当受电弓升弓时，安全锁通过下降装置的自动激励而打开。

7）电气控制箱

电气控制箱安装在基架上，其一面通过线缆与电控降弓机构相连，另一面通过线缆与列车相连。它配备了一些继电器，用于控制电控降弓机构的运动和得到车内受电弓的位置信号。

8）轴连接装置、软轴和手摇柄

电控降弓机构的下面有一根软轴连接于列车和轴连接装置（连接头、连接杆）之间，这样能使操作人员在电源出现故障时通过列车 2 位端右侧拱形罩板内的手摇柄手动升起或降下受电弓。

电动机驱动式受电弓的升、降弓原理与气动式受电弓基本相同，不同之处在于升、降弓过程是由直流电动机驱动的。

3.1.2　集电靴

集电靴主要应用于采用第三轨供电方式的线路。集电靴安装于车辆转向架构架横梁外侧中部的位置。每列车有 16 个动车受流器，4 个拖车受流器，其中 Tc 车安装于 1 位转向架两侧，Mp/M 车安装于每个转向架两侧。每个集电靴的安装托架用螺栓固定在转向架构架侧梁的外侧。

接触轨是沿轨道线路敷设的与轨道平行的附加导电轨，所以又称第三轨。城轨车辆的集电靴通过与第三轨接触而取得电能。接触轨端部弯头起过渡作用，能够减少在断电区的电流冲击。接触轨材料一般采用低碳钢或钢铝复合材料，碳滑板材料为碳合金。

1. 受流形式分类

根据集电靴位置的不同，第三轨供电方式可分为上部受流、下部受流和侧部受流三种形式。国内应用较多的是上部受流和下部受流。

1）上部受流

特点：集电靴从上向下压向第三轨轨头，从第三轨顶面受取电流，示意图如图 3－13 所示。受流器的接触力由下作用弹簧进行调节，受流平稳。

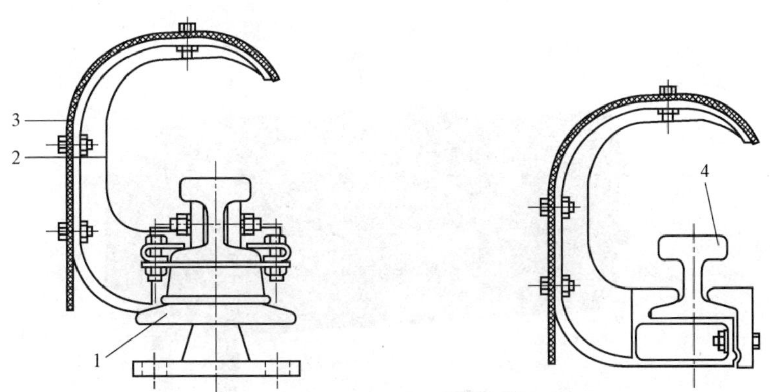

1—瓷绝缘子；2—玻璃钢防护支架；3—玻璃钢防护罩；4—接触轨

图 3－13　上部受流接触轨示意图

上部受流方式施工简单、费用较低、接触面积大且磨损小、检修方便、维护简单、寿命长，但线路速度不能太高，且危险性较高，如遇乘客坠轨，可能造成触电。

2）下部受流

特点：第三轨轨面朝下安装，车辆受流器通过与接触轨的下底面接触而受取电流，示意图如图 3－14 所示。

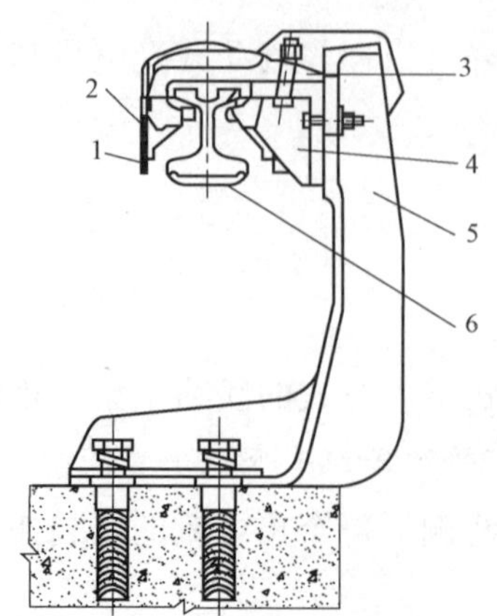

1—支架防护罩；2—接触轨防护罩；3—绝缘支架上部；4—绝缘支架中部；5—绝缘支架下部；6—钢铝复合接触轨

图 3-14　下部受流接触轨示意图

下部受流优点是防护罩从上部通过橡胶垫直接固定在第三轨周围，安全性相对较好，表面灰尘、杂物少，能遮挡雨雪，有利于防止雨雪冰冻造成的取流困难和污染腐蚀，但缺点是安装结构较复杂，费用较高。

2. 集电靴结构

如图 3-15 所示，集电靴主要由绝缘座、起复装置（包括回位压板、回位臂、回位控制杆和弹簧）、受流支撑、弹性轴承、扭簧、碳滑板、受流臂、电缆线、熔断器以及熔断器箱等零件组成。

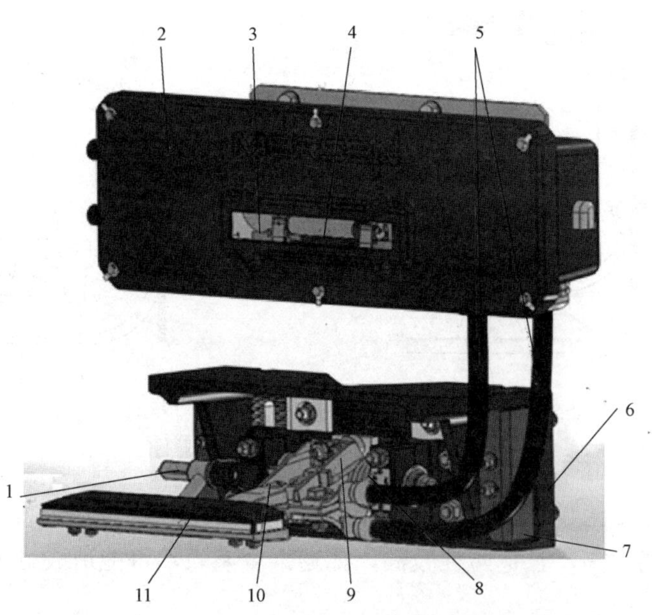

1—起复装置；2—熔断器箱；3—熔断器；4—小熔断器；5—电缆线；6—绝缘座；7—保护挡板；8—扭簧；9—受流支撑；10—受流臂；11—碳滑板

图 3-15　集电靴结构

1）绝缘座

绝缘座采用的是一种绝缘材料，它的作用是确保载流、受流器与转向架之间绝缘，它还负责承载受流器的其他元件。

绝缘座与转向架的连接为螺栓连接，全部紧固件均采用不锈钢或镀锌碳钢。绝缘座上装有齿条结构，这种结构在确保机构部件与绝缘座安全连接的同时，还便于受流器竖直方向的调整和水平校准。

2）弹性轴承

弹性轴承采用橡胶材料，可确保受流臂的平稳进行。此弹性轴承为免维护轴承，因此无须为弹性轴承添加润滑油。弹性轴承安装于受流臂安装槽内，外观图显示不出来。

3）起复装置

起复装置的用途是当受流器发生故障时，保证受流器与第三轨脱离。

例如，青岛地铁三号线车辆的牵引高压母线单元贯通，当其中一台受流器发生故障被隔离时，剩余的受流器还会为单元列车提供工作电源，因此，列车的运行将不会受到影响。

4）受流臂

受流臂作为受流组件中的一个重要部件，一方面要经受过弯轨等正常工作状态下的冲击，同时当受流臂遭遇意外的障碍撞击时，能够在设置的薄弱点处断裂，从而保护列车。其摆杆在受到 12 000 N 的作用力时将发生断裂。

5）熔断器

熔断器盒带有透明视窗，内装直流熔断器。熔断器侧面带有状态指示，使用时不用打开盒盖，就能够清楚地判断熔断器的状态。

6）受流器机械部分

受流器机械部分安装在一个绝缘支架上，该支架上设计有 10 个带锯齿状的位移调节板，每个调节板的最小调节量是 4 mm，总调节量为 40 mm，以配合对车轮镟修后的补偿。

3. 集电靴主要技术参数

为方便车下走线布局，受流器分 A、B 型两类，两种型号的受流器镜像对称，主要技术参数如下。

额定电压：　DC 1 500 V
最大瞬时电压：　DC 1 980 V
电压范围：　DC 1 000～1 800 V
额定电流：　600 A
工作压力：　（120±24）N
滑靴下极限位置：　参照工作位置下 51 mm
滑靴上极限位置：　参照工作位置上 70 mm
碳滑板材料：　碳合金

3.2 隔离开关

3.2.1 基本功能

受流器（受电弓、集电靴）受流后，会将 DC 1 500 V 电源引流到城轨车辆高压分配箱（高压箱、IES 箱、隔离开关箱）中，箱体内部配置的主要是隔离开关，隔离开关一般有三个位置：“正线运行”“车间电源”“接地”，如图 3－16 所示。通过操作隔离开关，可以实现以下工况。

① 正线运行：受流器（受电弓、集电靴）、牵引逆变器及辅助电源正常得电，车间电源及滑触线电源未接入。

② 车间电源：车间电源、辅助电源电路正常接入，受流器或受电弓、牵引逆变器及滑触线电源未被接入。且操作后可将牵引设备隔离，车间电源只给车辆辅助系统供电。

③ 接地：受流器或受电弓、牵引逆变器、滑触线电源及辅助电源电路均未被接入电源正极。且这些设备内部的储能元件将会对地放电。当隔离接地开关接地后，车间电源、接触轨高压 DC 1 500 V 不允许接入。

图 3－16 隔离开关实物图

3.2.2　车间电源

1. 功能

车间电源是城轨车辆的辅助受流装置。对于接触网供电的车辆，车间电源主要供列车在检修库内整车调试或部分设备需进行带电检查时使用。对于第三轨受流的车辆，还能够通过车间电源插座，以滑触线供电的方式，进行自身动力出入库作业。外部电源通过车间电源插头与城轨车辆车间电源插座相连，实现给城轨车辆供电的目的。考虑到安全因素，车间电源与受流设备之间设有互锁，以保证在任何情况下，两者不能同时向列车供电。且一般情况下，车间电源只向列车辅助系统供电，不向牵引系统供电，通过隔离二极管或接触器与列车主电路隔离。

2. 组成

车间电源系统由电源插座盖、车间电源插座、熔断器、接触器、隔离二极管组成。车间电源插座一般安装在 Mp 车车底的高压分配箱（高压箱、IES 箱、隔离开关箱）中，如图 3－17 所示。

图 3－17　车间电源插座

车间电源插座在插座盖上一般按列车控制原理安装有短接插头。当插座盖合上后，控制电源通过短接插头控制主电路中的接触器工作，实现车间电源与受流设备供电电路控制上的联锁隔离功能。车间电源插头与插座在机械形式上相匹配，方便插头与插座连接。熔断器安装在车间电源插座与列车供电电路之间，若辅助电路有短路现象，电流热效应会使熔断器的熔体熔化，从而切断相应电路，且电路切断属物理性破坏，是不可逆的。隔离二极管常采用大功率二极管，其电路位置如图 3－18 所示，由于流过该二极管的电流较大，二极管一般装有散热片，以增强散热效果。

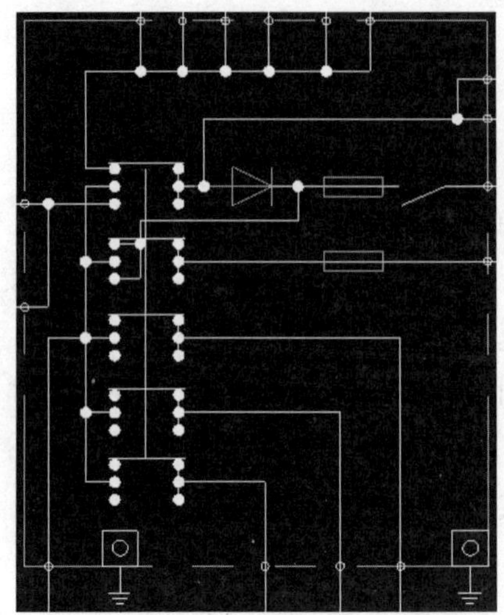

图 3-18　车间电源隔离二极管位置

3. 工作过程

正常供电模式下，即通过受电弓或集电靴受流时，将隔离开关打至“正线运行”位，则城轨车辆将由电网提供电能；当车辆采用车间电源供电模式时，需将隔离开关打至“车间电源”位，电能将由车间电源柜提供，此时高速断路器无法闭合，且受电弓无法升起。车间电源模式一般仅在静调或维修过程中使用。

3.3　避雷器与熔断器

3.3.1　避雷器

避雷器也称浪涌吸收器，其作用是防止来自城轨车辆外部的过电压（如雷击）对车辆电气设备的破坏，是一种限制过电压幅值的保护电器。

城市轨道交通车辆电气设备在运行中除了承受工作电压外，还会受到过电压的作用，如雷击引起的雷电过电压、开关操作引起的操作过电压，其数值远远超过工作电压，会使设备绝缘受到损伤，甚至直接导致设备损坏。因此，必须采取措施来限制过电压。

避雷器并联在被保护电气设备与大地之间，安装在 Mp 车车顶受电弓旁。当雷电侵入时，过电压的作用使避雷器动作，雷电电流经避雷器导至大地，从而限制了雷电过电压的幅值，使避雷器上的残压不超过被保护电气设备的冲击放电电压。

1. 火花间隙避雷器

1）火花间隙避雷器的结构

火花间隙避雷器的结构如图 3－19 所示。

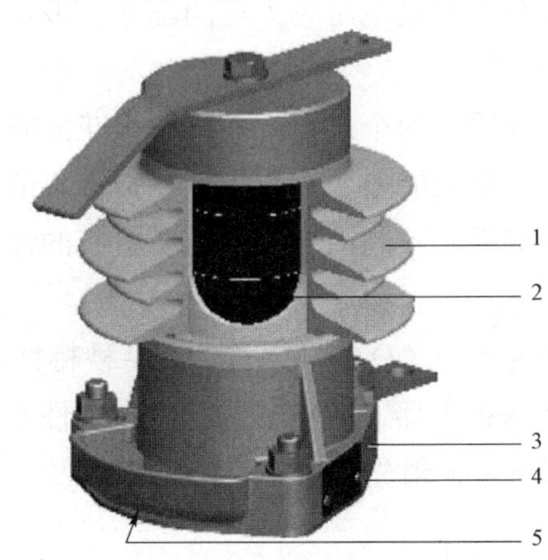

1—聚合物复合壳体；2—非线性金属氧化物电阻；3—带瓦斯分流器的法兰；4—过渡板；5—灭弧孔

图 3－19 火花间隙避雷器的结构

（1）聚合物复合壳体。

该壳体由 2 个主要部件组成：一是保证高机械强度的纤维增强塑料管，避雷器过载时，塑料管不会断裂，保证避雷器出现故障时无零件脱落；二是高温交叉耦合的硅酮橡胶敷层，其疏水性可保证壳体表面的放电量维持在最小值，即使在污染条件下，也能保证良好的操作特性。

（2）带瓦斯分流器的法兰。

带瓦斯分流器的法兰由防腐蚀的轻合金制成，并与聚合物复合壳体耦合。抗紫外线和臭氧的密封环以及耐腐蚀金属隔板保证法兰有长久良好的密封性。

（3）非线性金属氧化物电阻。

避雷器的有功元件为非线性金属氧化物电阻，它安装在气密的聚合物复合壳体中。金属氧化物电阻为高度非线性，即它拥有尖锐的电压－电流特性曲线。在某一电压值以下时，只有少量泄漏电流流过避雷器。避雷器设计为在正常连续电压条件下，只有约不到 1 mA 的泄漏电流流过。雷电过电压或操作过电压时，电阻可导电（欧姆级别），这样浪涌电流可流向大地，过电压变为经过避雷器的残压。操作过电压时浪涌电流可高达 500 A，雷电过电压时其值可达 1～5 kA，甚至 10 kA。

（4）压力释放隔膜。

避雷器的下端板备有一个压力释放隔膜和一个瓦斯分流器（外观图中观察不到）。若避雷器过载，该压力释放隔膜将在一定的压力值时打开，成为聚合物复合壳体压阻力的一部分。

在这种情况下，气流将被导向附于避雷器上部法兰的消弧角上，这种电弧可延伸到壳体外部，直至馈线断电。

2）工作原理

火花间隙避雷器通常由火花间隙和非线性金属氧化物电阻两部分组成。在正常情况下，火花间隙是不会被击穿的，只有出现过电压时火花间隙才会被击穿。过电压幅值越高，火花间隙被击穿得越快。

非线性金属氧化物电阻的作用有两个：一方面，在火花间隙被击穿瞬间，存在很大的冲击电流，非线性电阻限制了避雷器上的电压，防止被保护设备的绝缘在高电压下被损坏；另一方面，可以在火花间隙被击穿后，限制由工频电压所引起的流过避雷器的电流，从而使火花间隙能很容易地切断它。

击穿电压（U）的幅值与击穿时间（t）的关系称为伏－秒特性，伏－秒特性曲线如图 3－20 所示。显然，要可靠地保护被保护电器，避雷器的伏－秒特性必须比被保护设备的伏－秒特性低，即在同样的过电压作用下避雷器先被击穿。

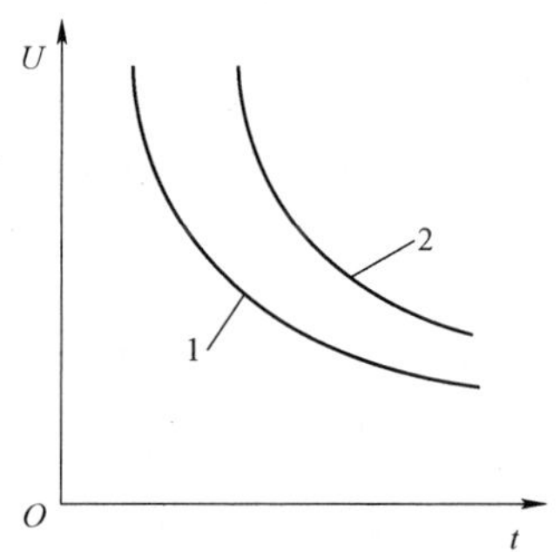

1—避雷器的伏－秒特性；2—被保护设备的伏－秒特性

图 3－20　伏－秒特性曲线

由于避雷器与被保护设备并联，当出现过电压危及被保护设备时，避雷器放电，使高压冲击电流泄入大地。随后，避雷器仍能恢复原工作状态，截止伴随而来的正常工频电流，使电路与大地绝缘。过电压越高，火花间隙击穿越快，从而限制了加在被保护电气设备上的过电压。

2. 金属氧化物避雷器

1）特点

金属氧化物避雷器的非线性电阻阀片具有极为优越的非线性特性。正常工作电压下其电阻值很高，实际上相当于一个绝缘体，而在过电压作用下，电阻片的电阻很小，残压很低。但正常工作电压下，由于阀片长期承受工频电压作用而发生劣化，引起电阻特性的变化，导致流过阀片的泄漏电流的增加。电流中的阻性分量急剧增加，会使阀片温度上升而发生热崩溃，严重时甚至会引起避雷器的爆炸事故。

2）结构

金属氧化物避雷器的结构如图 3－21 所示。从图中可以看出，其基本结构是阀片，阀片以氧化锌（ZnO）为主要材料，掺以少量其他金属氧化物添加剂，经高温焙烧而成，具有良好的非线性压敏电阻特性，因此又叫压敏避雷器。这种烧结体的基本结构是高电导的氧化锌晶粒，电阻率为 1 Ω • cm。边缘由高电阻性的（主要是金属氧化物附加物）粒界层包围，电阻率在低电场强度下为 1 010～1 014 Ω • cm。在较高的电压作用下，金属氧化物附加物的粒界层中的价电子被拉出，或者由于碰撞电离产生电子崩而使载流子大量增加。当电场强度达到 104～105 V/cm 时，其电阻率即降到 1 Ω • cm；当外加作用电压降低时，由于复合使载流子减少，电阻又变大，因此具有良好的非线性。且它的非线性伏安特性在正、反极性是对称的。

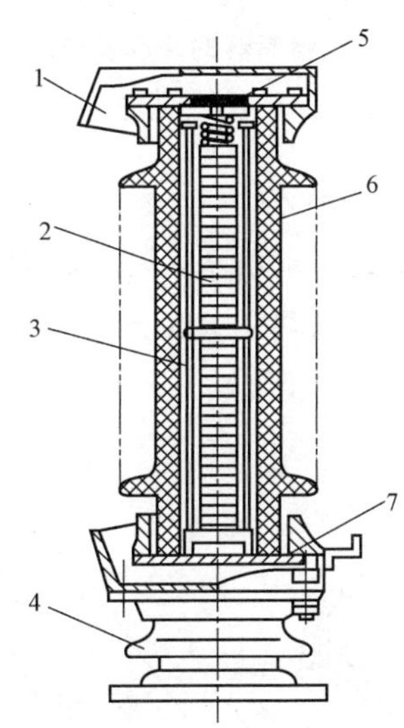

1—喷弧口；2—氧化锌阀片；3—绝缘拉杆；4—绝缘底座；5—压力释放装置；6—避雷器外壳；7—避雷器基座

图 3－21　金属氧化物避雷器的结构

3.3.2 熔断器

熔断器是最早被采用的、最简单的保护电器。它串联在电路中，当电路中通过过载电流或短路电流时，熔断器利用熔体产生的热量使自身熔断，切断电路，以达到保护电气设备的目的。

1. 熔断器作用与分类

1）作用

熔断器是一种利用过载或短路电流会导致熔体发热熔断的原理而工作的保护电器，一般接在低压电路或控制电路中。低压熔断器一般是插入式纤维管、瓷管等。高压熔断器一般有石英砂瓷管等。

熔断器串联在电路中，当该电路产生过载或短路故障时，熔断器先行熔断，切断故障电路，保护电路和电气设备。任何一种熔断器在电流超过其最小熔断电流时都会熔断，其熔断时间将随电流增加而缩短，即具有反时限过流保护能力。熔体熔断后，必须停电更换熔体。熔断器的外形及电路符号如图 3－22 所示。

(a) 外形　　(b) 电路符号

图 3－22　熔断器的外形及电路符号

2）分类

熔断器的种类很多，常见的有以下几种。

① 插入式熔断器：它由磁盖、瓷座、动触头、熔丝、静触头等组成，一般用于交流 50 Hz、额定电压最大可达 380 V、额定电流最大可达 200 A、最大分断能力为 3 kA 的电路中，主要用作短路和过载保护。其结构如图 3－23 所示。

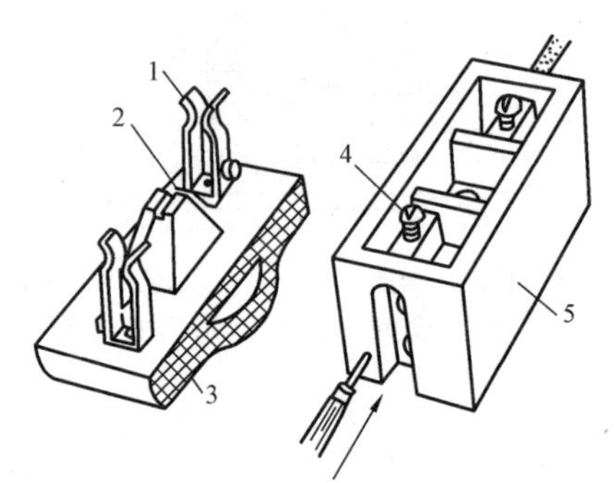

1—动触头；2—熔断丝；3—瓷盖；4—静触头；5—瓷座

图 3－23　插入式熔断器结构

② 螺旋式熔断器：其额定容量比插入式熔断器要大，主要用于电气设备的短路和过载保护。

③ 无填料封闭管式熔断器：用于线路过载及系统的短路保护。

④ 有填料封闭管式熔断器（充石英砂瓷管熔断器）：在熔断器的绝缘管内装有石英砂作填料，用来冷却和熄灭电弧，主要用于保护短路电流很大的配电设备。

⑤ 快速熔断器。由于半导体器件的过载能力较差，只能在极短时间内（20～55 ms）承受过载电流，所以对于半导体器件来说，要求短路保护设备具有快速熔断的能力，不能选用普通熔断器。快速熔断器的结构与有填料封闭式熔断器基本相同，但熔体材料和形状不同，

它是以银片冲制的V形深槽的变截面熔体。由于快速熔断器具有与半导体器件类似的热特性，所以它是一种最好的保护器件。

⑥ 自复式熔断器。它是一种新型熔断器，以金属钠作为熔体，具有熔点低、易气化的特点。常温下钠的电阻很小，正常工作电流易通过；当发生短路时，温度急剧升高，固态钠迅速汽化，气态钠电阻很高，从而限制短路电流通过，达到短路保护的目的。当短路故障消除，温度降低后，钠又恢复为固态，又可保持良好的导电性，所以自复式熔断器不用更换熔体，能够反复使用。自复式熔断器对熔化材料的要求是熔点低、易于熔断、导电性能好、不易氧化、容易加工和价格低廉，因此铜、银、锌、铅等也可用作熔体的材料。

在城市轨道交通车辆上多采用封闭式熔断器，完全封闭在壳内，没有电弧火焰喷出，不会因飞弧而危及人身安全及损坏电气设备，且可提高分断能力。

2. 熔断器的工作原理

熔断器的熔断过程一般可分为四个阶段。

① 通过故障电流而发热达到熔化温度的阶段。这个阶段所需的时间与通过熔体的故障电流有关，故障电流越大，这个时间就越短。

② 熔体熔化和蒸发阶段。熔体达到熔化温度后继续吸收热量而熔化和蒸发，这个阶段的时间也与通过熔体的故障电流有关，故障电流越大，时间越短。

③ 间隙击穿和电弧产生阶段。熔体蒸发成金属蒸气后出现间隙，其中充满金属蒸气，金属蒸气很快被游离而出现电弧，这段时间极短。

④ 电弧燃绕和熄弧阶段。这个阶段时间的长短和电流的大小及熔断器的熄弧能力有关，熄弧能力越强，则燃弧时间越短。但电弧熄灭时不允许产生危害电气设备的过电压。

3. 熔断器的保护特性

熔断器的主要特性为熔断器的安–秒特性，即熔断器的熔断电流 (i) 与熔断时间 (t) 的关系，这一关系与熔体的材料和结构有关。安–秒特性又称为保护特性。

一般来说，熔断器的保护特性必须处于被保护电气设备的允许过载特性曲线之下，才能起到可靠保护的作用。举例说明，图 3–24 中曲线 1 为被保护电气设备的允许过载特性曲线，曲线 2 处于曲线 1 下，表示在任意过载电流下，还没等到电气设备过热，熔断器已先行熔断，切断故障电路，起到保护电气设备的作用。曲线 3 和曲线 1 有交点，假设在交点处电流值为 I，在 I 的右侧，曲线 3 在曲线 1 之下，熔断器能可靠地起保护作用，但在 I 的左侧，曲线 3 处于曲线 1 之上，在此区域内过载时，电气设备已过热损坏，而熔断器还没有熔断，起不到保护电气设备的作用。

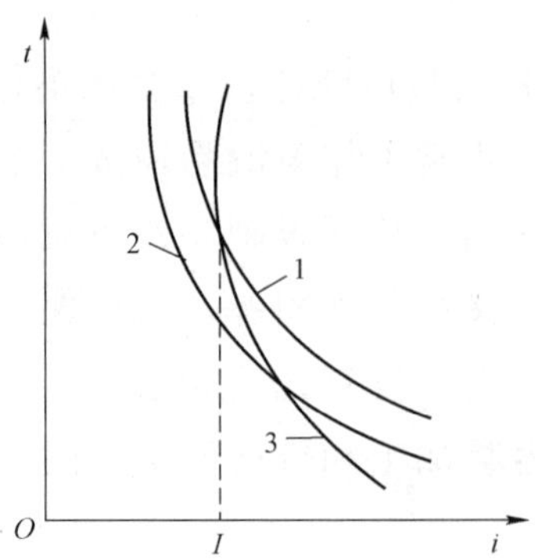

1—电气设备的允许过载特性曲线；2，3—熔断器的保护特性曲线

图 3-24　熔断器的保护特性

在有分支的电路中，通常串联有总电路的熔断器和分支电路的熔断器，如图 3-25（a）所示。为了保证熔断器动作的选择性，各分支电路中的熔断器的保护特性应处在总的熔断器保护特性之下，图 3-25（a）中熔断器 1，2，3 的保护特性曲线分别如图 3-25（b）中的曲线 1，2，3 所示。当图 3-25（a）中电路在 *C* 点发生接地故障时，故障电流流过熔断器 1 和 2，由图 3-25（b）的保护特性可知，熔断器 2 先行熔断，切断故障电路，熔断器 1 不通过故障电流，保护了正常支路继续工作。此时仅切除故障支路，体现了熔断器动作的选择性。评价熔断器性能优劣的另一个重要参数是分断能力，分断能力表示熔断器能断开的最大短路电流。

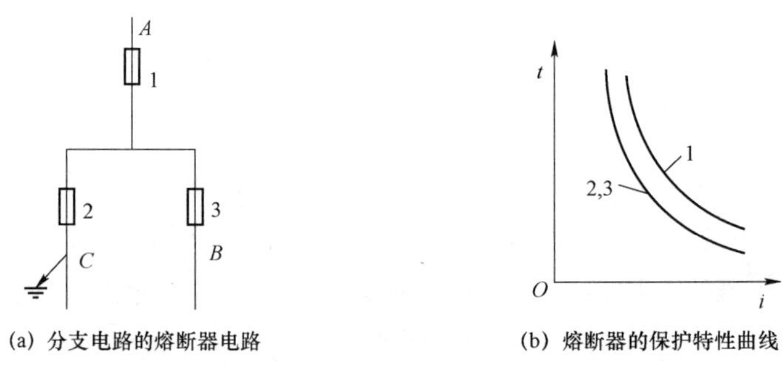

(a) 分支电路的熔断器电路　　(b) 熔断器的保护特性曲线

图 3-25　有分支电路的熔断器及其保护特性曲线

4. 熔断器的使用注意事项

① 对于插入式熔断器，电源线和负载线分别接在瓷底两端的静触头上，熔体接在瓷盖两端的动触头上，并经过瓷盖中间的凸出部分。插入瓷盖时，要保证动、静触头接触良好，而且熔体不能受到机械损伤。

② 对于螺旋式熔断器，应将带色标的熔断管一端插入瓷帽，再将瓷帽连同熔断管一起拧

入瓷套，负载线应接到连接金属螺纹壳的上接线端，电源线应接到瓷座的下接线端，并保证各处接触良好。更换熔体时，应保证新换熔体的规格与原熔体一致，确保动作的可靠性。

3.4 电器安装、连接装置及接地装置

3.4.1 电器安装装置

1. 电器柜

电器柜是城轨车辆各类电气控制元器件和系统的主机设备集中安装的独立空间，电器柜内主要布置车辆控制用断路器、开关、继电器以及接触器等控制器件，并布置相应客室的通信控制单元、空调控制单元、火灾报警装置、乘客信息系统分机、各网络模块等设备。

根据电器柜安装位置的不同，可以分为司机室电器柜（安装在司机室内）、客室电器柜（安装在客室车厢内）；根据安装侧墙的不同，可以分为一位侧电器柜、二位侧电器柜。根据电器柜内安装的设备不同可以分为信号系统电器柜、车辆控制电器柜、空调系统控制电器柜等。在设备定位过程中，往往将几种分类结合起来，以确保定位准确。例如，司机室内安装有两个电器柜，则分别定位为司机室一位侧车辆控制电器柜、司机室二位侧信号系统电器柜。Tc 车司机室的电器柜布置如图 3－26 所示。

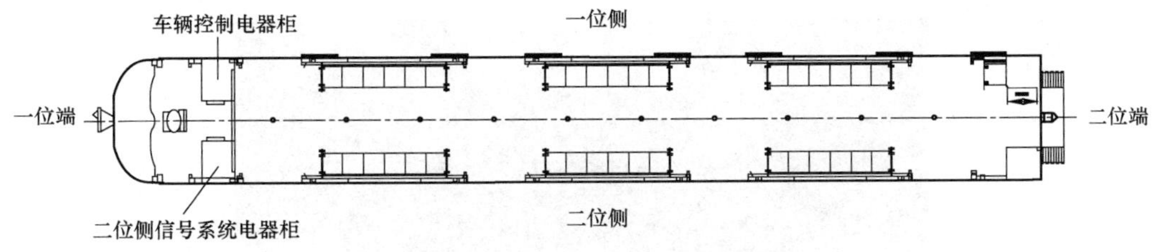

图 3－26 Tc 车司机室电器柜布置图

2. 吊挂安装座

通常情况下，牵引供电系统、辅助系统、制动系统及其他系统中的大型实体设备及附属设备均选择在车体底架下方进行安装悬挂，特别是对于牵引逆变器、辅助逆变器、制动风缸及空气压缩机等大型设备，不仅质量重，而且占用空间大。在车辆设计阶段需要对大小不一、功能各异的车下设备进行有效安排，既要满足车辆的功能要求，又要考虑车辆重心、设备限界等客观因素的要求。通常会在车体底架下方设置 C 形槽，实现底架设备吊挂，如图 3－27 所示。

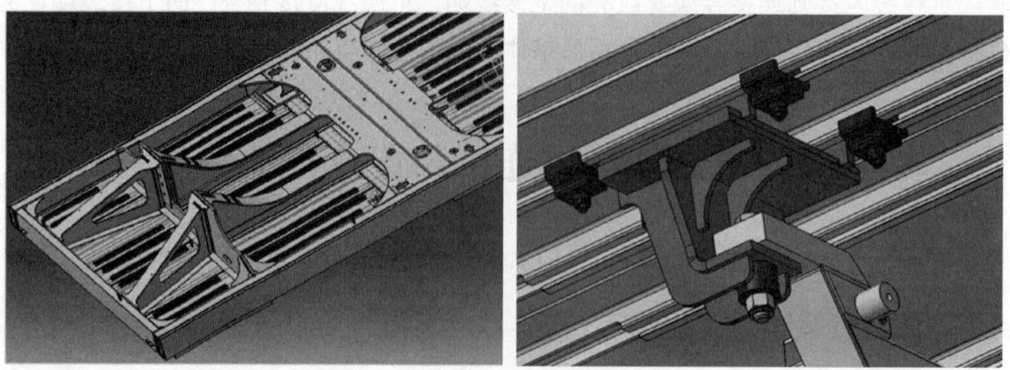

图 3-27　吊挂安装座

3.4.2 电气连接装置

1. 电气连接器

同一列车编组内部不同车厢之间，可以用电缆直接连接两个车体端墙上的电气插座，此即为电气连接器。电气连接器可以将各种电压（DC 1 500 V、AC 380 V 和 DC 110 V 等）传递至各节车，如图 3-28 所示。同时，因为电磁感应现象的存在，城轨车辆布线时，会把低压电路特别是传递信号的线路电缆集中到一侧，另一侧布置高压线路电缆，这样可以使强、弱电分离，能够减弱强电场、强磁场对信号线缆的干扰。

图 3-28　电气连接器

2. 电气连接钩头

为了方便实现车辆之间的电气连接，全自动车钩上设置有电气连接钩头，可以实现自动的电气连接（需要车辆进行有效连挂），如图 3-29 所示。

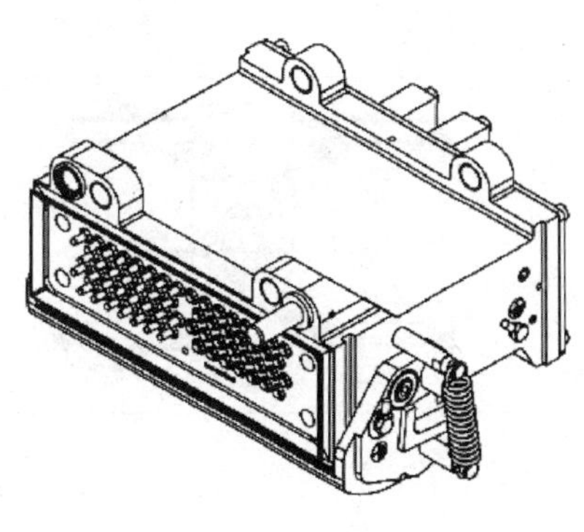

图 3－29　电气连接钩头

通常，全自动车钩（带有电气钩头）只安装在头车一位端部，可实现列车的自动连挂，包括机械、电气以及风路的自动连挂。电气连接头位于车钩头的下部，它包括一个带防护盖的外壳、触头块和后盖，与全自动车钩构成一个机械整体。

① 外壳有一个矩形横截面，朝向车钩头的外侧配有导向元件，前侧配有对中装置，底部设有排水系统。

② 触头块上配有安装孔，安装孔固定住接线柱，通过螺钉拧入接线柱的前端。触头块前方围有一个垫片，通过触头块将外壳前侧牢牢关闭。

③ 外壳的后侧通过一个盖板牢牢关闭。盖板内可容纳电缆接头和操作装置的接头。

3.4.3　接地装置

城市轨道交通车辆转向架的车轴上均安装有接地装置，其目的是在列车正常运行、出现事故或遭遇雷击的情况下，列车能够始终与接地极存在有效、可靠的电路连接，从而保证电气设备的正常运行和人身安全。

1. 接地装置的作用

接地装置的主要作用是为主电路提供回流通路，使电流经轮对到达钢轨，构成 1 500 V 的完整回路，同时防止电流通过轴承造成电腐蚀，延长轴承使用寿命。

接地装置安装在轮对的轴端位置，依靠接地碳刷与车轴轴端面转动摩擦受电。每单元编组安装 10 个轴端接地装置，其中每节动车安装 4 个，每轴 1 个，分别位于 Tc 车第 1、3 轴的左侧和 2、4 轴的右侧；每个 Mp/M 车安装两个，分别位于 1 轴左侧和 4 轴右侧。具体安装位置如图 3－30 所示。

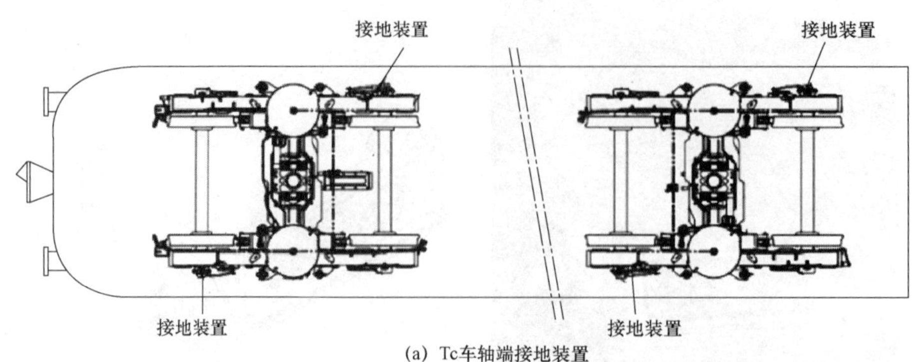

(a) Tc车轴端接地装置

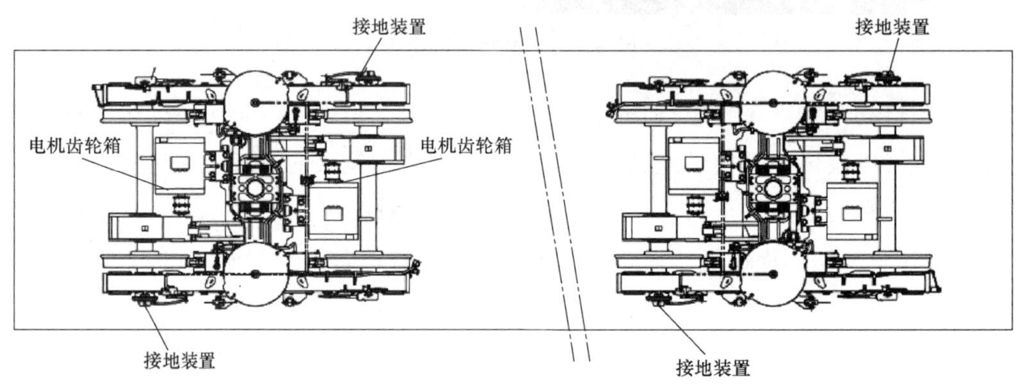

(b) Mp/M车轴端接地装置

图 3-30 接地装置安装位置

2. 接地装置的结构

城轨车辆安装在轴端的接地装置外观及结构如图 3-31 所示。它主要由碳刷、碳握和端盖组成。因其安装在轮对轴端，故又称轴端接地装置。

(a) 外观　　(b) 结构

图 3-31 接地装置的外观及结构

3.5　高速断路器

3.5.1　高速断路器的作用、主要特征与安装位置

1. 作用

在城市轨道交通车辆上，高速断路器主要用作牵引电路的总开关和总保护，可以实现电源的接通与分断控制，是一种能对电路进行控制（分段、闭合）和保护的高压电器。当高速断路器闭合时，车辆将获得由受电弓（或集电靴）从接触网（或第三轨）引入的电源，从而投入工作。当牵引电路发生短路、过载、接地等故障时，相关控制电路使高速断路器自动断开，切断车辆总电源，以防止故障范围扩大。

在列车运行过程中，除上述故障外，使高速断路器自动断开的原因还有：列车超速、列车牵引系统出现故障、网压过压或欠压、线路过流及 ATP 系统故障等。

2. 主要特征

① 对地有很高的绝缘等级。由于高速断路器接在车辆的牵引主电路上，电压高，电流大，因此其绝缘结构部分选取有很高绝缘等级的材料。

② 有较高的分段能力。高速断路器既是电路的总电源开关，也是总保护开关，必须具备足够的断流容量。为有效、可靠地保护其他用电设备，它的限流特性和高速切断能力应能防止由短路或过载引起的用电设备损坏。

③ 有较短的响应时间。响应时间是指从通过断路器的电流达到断流动作值时开始到主触头打开的时间。

④ 不受气候条件影响。

⑤ 使用寿命长。

⑥ 易于维护。

3. 安装位置

高速断路器一般安装在动车逆变器箱内。每个牵引逆变器都分别设有一个高速断路器，牵引逆变器从高速断路器处获得供电。

3.5.2 电磁式高速断路器

电磁式高速断路器是一种用来通断高压电路的保护电器。当列车主回路出现故障时，高速断路器能快速将电流断开，以保护设备安全。

1. 基本结构

如图 3－32 所示，电磁式高速断路器由触头系统、操作机构电磁系统、脱扣电磁系统、传动杠杆以及灭弧系统组成。其中触头系统由静、动触头，可动触头台和触头弹簧等组成；操作机构电磁系统由电磁铁芯、电磁线圈和杠杆等组成；脱扣电磁系统由脱扣电磁铁、可动铁芯和脱扣杆等组成；传动杠杆由控制杆、连杆和挂钩等组成。

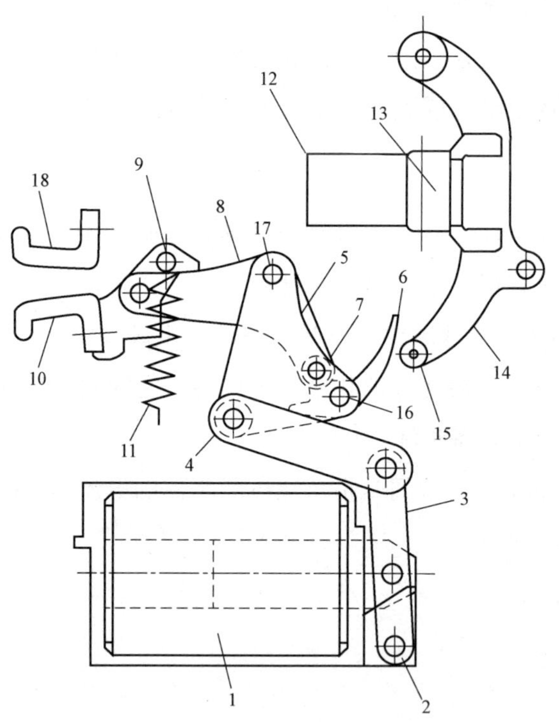

1—电磁线圈；2—轴；3—杠杆；4—连杆；5—控制杆；6—挂钩；7—磙子；8—可动触头台支架；9—可动触头台；10—触头；11—触头弹簧；12—脱扣电磁铁；13—可动铁芯；14—脱扣杆；15—磙子；16，17—轴；18—固定主触头

图 3－32 电磁式高速断路器结构示意图

2. 工作原理

1）合闸动作

电磁式高速断路器合闸动作原理示意图如图 3－33 所示。操作机构的电磁线圈（1）得电，可动铁芯（2）被固定铁芯（3）吸引，可动铁芯端部的转轴（4）和杠杆（5）绕轴（6）旋转，连杆（7）向上移动，使控制杆（8）旋转的同时，可动触头台支架（11）、可动触头台（12）、动触头（13）随着旋转，使动触头（13）与固定主触头（14）处于闭合状态。

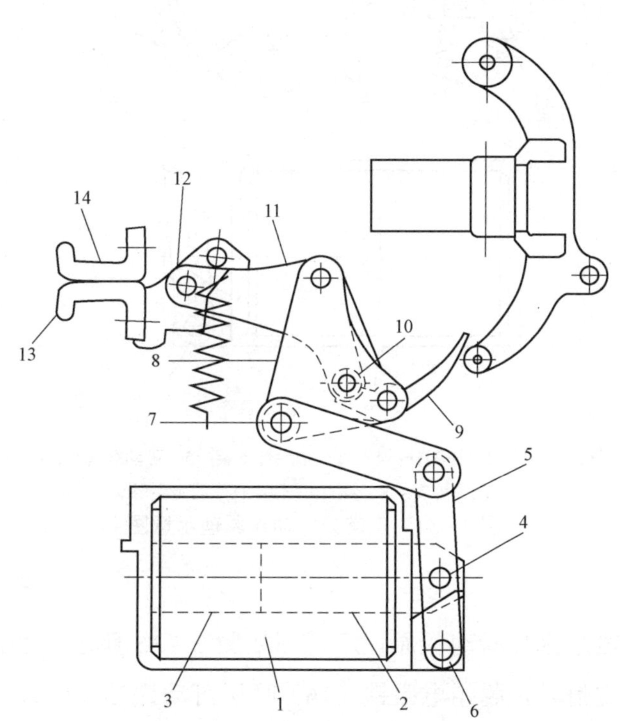

1—电磁线圈；2—可动铁芯；3—固定铁芯；4—轴；5—杠杆；6—轴；7—连杆；8—控制杆；9—挂钩；10—磙子；11—可动触头台支架；12—可动触头台；13—动触头；14—固定主触头

图 3－33　合闸动作原理示意图

2）正常分断动作

电磁式高速断路器正常分断动作原理示意图如图 3－34 所示。按下分闸按钮，操作机构吸引线圈断电，在反力弹簧作用下，可动触头台、可动触头台支架、控制杆一起逆时针旋转，使动触头与固定主触头分离，完成正常分断动作。

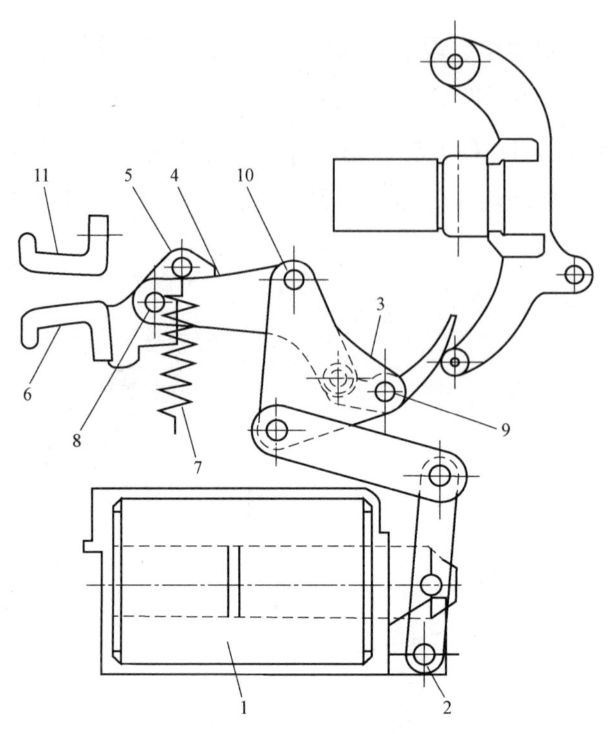

1—电磁线圈；2—轴；3—控制杆；4—可动触头台支架；5—可动触头台；6—动触头；
7—反力弹簧；8，9，10—轴；11—固定主触头

图 3－34　正常分断动作原理示意图

3）过流分断动作

电磁式高速断路器过流分断动作原理示意图如图 3－35 所示。当流过触头及脱扣电磁铁线圈的电流超过整定值时，脱扣电磁铁（16）吸引可动铁芯（17），使脱扣杆（18）沿顺时针方向旋转，其端部磙子（19）撞击挂钩（9）的端部，造成挂钩（9）绕轴（20）逆时针旋转，致使与磙子（10）解锁。这样可动触头台支架（11）、可动触头台（12）在反力弹簧（14）的作用下逆时针旋转，使动触头（13）与固定主触头（22）分开，完成过流脱扣的动作过程。

4）复位动作

按分闸按钮，操作机构的电磁铁吸引线圈断电，在反力弹簧（14）作用下，杠杆（5）绕着轴（6）旋转，连杆（7）向下移动，使控制杆（8）以转轴（21）旋转，回到正常分断状态，为再次合闸动作做好准备。

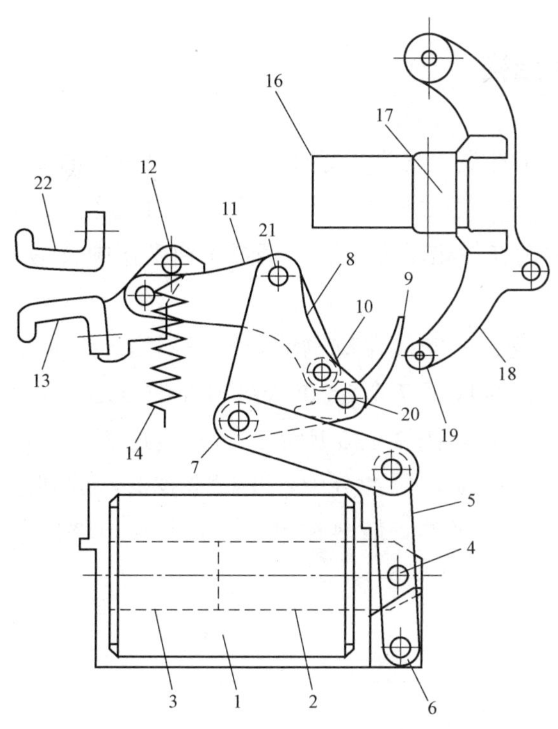

1—电磁线圈；2—可动铁芯；3—固定铁芯；4—轴；5—杠杆；6—轴；7—连杆；8—控制杆；9—挂钩；10—磙子；11—可动触头台支架；12—可动触头台；13—动触头；14—反力弹簧；16—脱扣电磁铁；17—可动铁芯；18—脱扣杆；19—磙子；20—轴；21—轴；22—固定主触头

图 3-35　过流分断动作原理示意图

3.6　牵引逆变器

3.6.1　牵引逆变器的作用

牵引逆变器是交流传动城轨车辆的重要设备，安装在动车底部。其主要功能是把来自接触网的 DC 1 500 V 直流电逆变为可变压变频的三相交流电，为动车转向架上的牵引交流电机提供交流电。电制动时，它将牵引交流电机发出的交流电进行整流，反馈到电网中，被其他交流负载使用。未被消耗的电能由制动电阻消耗，转化成热能散失到大气中。

根据中间储能元件的不同，牵引逆变器可分为电压型逆变器和电流型逆变器。目前，交流牵引多采用电压型逆变器，因此本书所指的牵引逆变器，除特别说明外均指直—交变换电压型逆变器。

3.6.2 牵引逆变器的结构

牵引逆变器的最主要部件是大功率半导体开关器件。早期的交流传动地铁车辆中采用大功率 GTO 器件，如上海地铁 1 号线和 2 号线、广州地铁 1 号线、北京地铁复八线。随着电子电力技术的不断发展，目前在城市轨道交通车辆牵引逆变器中普遍采用的是绝缘栅双极晶闸管 IGBT 元件。

牵引逆变器（简称逆变器）安装在每辆动车车底，为 4 台牵引电机提供三相可变压可变频的交流电源。逆变模块集成了 7 个 3 300 V/800 A 的 IGBT 元件，作为三相逆变器的三相桥臂及制动桥臂，其主电路如图 3－36 所示。另外，逆变模块还包括了热管散热器、温度传感器、门控单元、门控电源、脉冲分配、支撑电容器，达到了一定程度的模块化和标准化。逆变模块上散热器采用了热管散热技术，靠走行风自然冷却，使系统更简洁，且无环境污染。

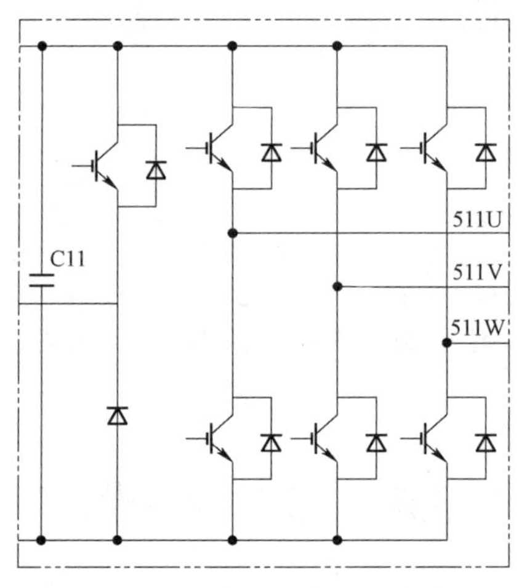

图 3－36　牵引逆变器主电路

3.6.3 牵引逆变器的工作原理

牵引系统传动控制单元（DCU）通过接收司机指令，将司机指令转化为城轨列车的运行工况。DCU 具有车辆级控制和逆变器级控制的功能。

① 车辆级的控制功能是根据司机指令完成对城轨列车牵引/制动特性控制和逻辑控制，实现对主电路中接触器的通断控制和牵引逆变器的起/停控制，计算列车所需的牵引/电制动力等。

② 逆变器控制级的核心任务是完成对 IGBT 逆变器及交流异步牵引电机的实时控制、黏着利用控制，同时具备完整的故障保护功能、模块级的故障自诊断功能、故障记录和一定程度的故障自排除功能。

DCU 通过 MVB 通信接口与车辆总线相连，与列车中央控制单元等形成控制与通信系统。同时，在列车控制与诊断系统中反馈当前系统状态。

如图 3－37 所示，三相逆变电路由 6 个带无功反馈的二极管的 IGBT 组成，电路工作时 6 个二极管顺序导通，得到需要的电压波形。为了能够驱动逆变器，需要由 DCU 发出控制脉冲，通过安装在逆变模块上的驱动电路使逆变器工作。

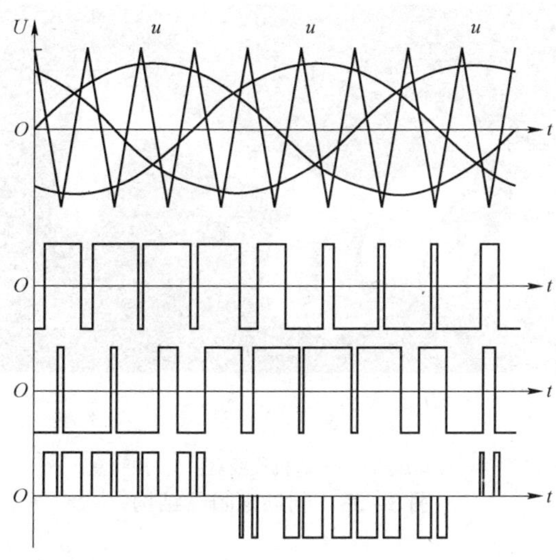

图 3－37　牵引逆变器工作过程中的电压波形

3.7　制动电阻器

3.7.1　制动电阻器的作用

制动电阻器用于城轨列车的电阻制动。在列车制动时，牵引电机作为发电机运行，产生的电能优先回馈到电网，实现回馈制动，如果能量不能被电网完全吸收，则多余的能量将被转化为热能消耗在制动电阻上。每个牵引系统包括一个制动电阻箱，吊挂在车辆底架上。制动电阻箱采用强迫风冷（卧式通风）方式对制动电阻器起保护作用。

3.7.2 制动电阻器的结构

如图 3－38 和图 3－39 所示，制动电阻单元安装在不锈钢制成的构架（1）内，通过横梁安装在车厢地板下。出风罩（3）安装在构架后端，给冷却制动电阻的压缩空气提供出口。冷却风机（4）通过法兰连接在构架的前端，风机通过风机网罩吸进相对干净的空气，使制动电阻单元在冷却期间保持固定的温度。制动电阻的性能和风机的性能密切相

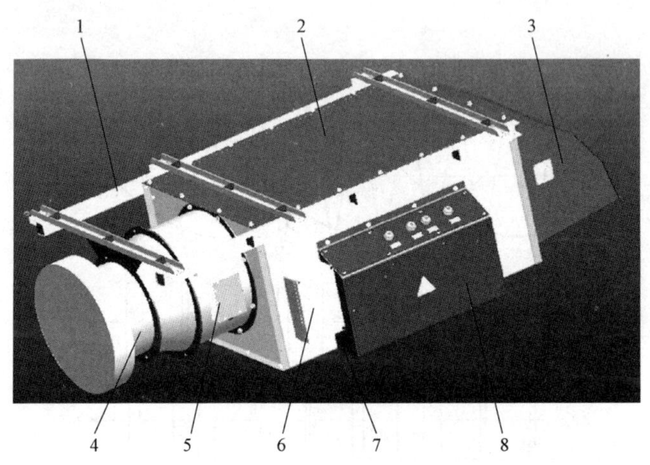

1—构架；2—顶板；3—出风罩；4—冷却风机；5—风机接线盒；6—控制盒；7—电气接线盒；8—接线盒面板

图 3－38 制动电阻器结构

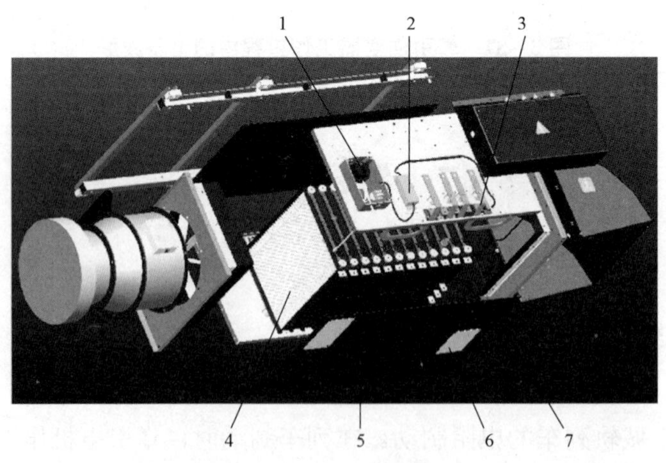

1—风压保护装置；2—温度保护装置；3—母排；4—电阻单元；5—滚轮；6—观察板；7—底板

图 3－39 制动电阻器分解图

关。构架内的电阻由两个支路组成，每个支路有 6 个电阻单元。电阻单元通过不同的母排相互连接。机车过剩的电能通过电缆和母排从牵引逆变器传输到电阻单元上转化为热能。电阻单元通过滚轮安装在构架的导轨里，导轨通过绝缘子安装在构架上，这样保证了电阻单元和构架的隔离。制动电阻上安装有由温度保护装置和风压保护装置，可以保护制动电阻装置。温度保护装置安装在出风口最后一个电阻单元上，此单元是制动期间最热的电阻单元。

复习与思考 3

一、填空题

1. 城市轨道交通车辆受流装置一般分为__________和__________两种。

2. 我国城市轨道交通将 DC__________V 和 DC__________V 列为直流牵引供电系统的标准电压等级。

3. 受电弓滑板的常见故障是__________和__________。

4. 隔离开关一般有三个位置，分别是“正线运行”“车间电源”“__________”。

5. 避雷器通常__________联在被保护设备与“地”之间。

6. 气缸驱动式受电弓的升、降弓时间可以通过__________的大小来调节。

7. 高速断路器是车辆__________电路的总开关和总保护。

8. 城轨车辆进行电制动时，牵引电机作为__________运行，把机械能转换为电能。

9. 城轨车辆电制动时，优先采用__________制动。

二、选择题

1. 受电弓通常安装在__________车车顶。
   A. Tc　　B. M　　C. Mp

2. 避雷器可以对城市轨道交通车辆进行__________保护。
   A. 过电压　　B. 过电流　　C. 接地故障

3. 受电弓升、降弓过程的速度特点是__________。
   A. 匀速　　B. 先快后慢　　C. 先慢后快

4. 牵引逆变器的工作模式为__________。
   A. 恒压恒频　　B. 变压变频　　C. 变压恒频

5. 以下电器中具有过电流保护功能的是__________。
   A. 避雷器　　B. 司机控制器　　C. 熔断器

6. 制动电阻器的冷却方式为__________。
   A. 强迫风冷　　B. 强迫水冷　　C. 自然风冷

三、简答题

1. 简述气缸驱动式受电弓的升弓和降弓原理。
2. 城轨车辆接地装置的作用是什么？
3. 简述直—交传动牵引系统的工作原理（参照图 3－1）。
4. 城轨车辆高速断路器的作用是什么？
5. 简述气缸驱动式受电弓的结构组成。

第 4 章

车辆辅助电源系统电器

4.1 概　述

辅助电源系统是城市轨道交通车辆上一个必不可少的电气系统，它的作用是将供电电网提供的 DC 1 500 V 或 DC 750 V 高压直流电转换为 AC 380 V/AC 220 V 的中压辅助电源及 DC 110 V 低压控制电源，为车辆空调、通风机、空气压缩机、蓄电池充电器、照明等辅助设备及控制类负载供电，其稳定与否将直接影响列车牵引控制系统、空气压缩机、空调等重要设备能否正常工作。另外，为了满足列车起动和紧急情况下的用电需求，车上都配备有蓄电池，蓄电池与列车控制电源并联，提供 DC 110 V 低压电源，所以 DC 110 V 控制电源同时也作为蓄电池的充电器。

4.1.1 辅助电源系统的设计方案

早期的城市轨道交通车辆上，辅助电源通常采用旋转式电动发电机组的供电方案。电动机从受电装置获取直流电源，驱动发电机输出三相交流电压向负载供电，对于 DC 110 V 和 DC 24 V 的用电设备，仍需通过三相变压器和整流装置变换后向其提供电源。这种供电方案的缺点是机组设备体积大、输出容量小、效率低，而且电源易受直流发电机组工况变化的影响，输出电压波动大，可靠性较差。

近年来，随着电子技术的不断发展，目前绝大多数城市轨道交通车辆的辅助电源均采用了静止式辅助逆变器（SIV）。辅助逆变器直接从受流装置受电，经过 DC/DC 斩波变换后向三相逆变器提供稳定的输入电压（有的车辆上省略了这一环节），从而转换为恒压恒频的三相交流电。对于多路输出电源，电路还采用变压器隔离的形式。这种辅助逆变电源的优点是输出电压的品质因数好、电源使用效率高、工作性能安全可靠。

辅助电源系统中的中压 AC 380 V 和 AC 220 V 通过辅助逆变器把电网的直流电转换为三相交流电后再经隔离变压器输出。AC 380 V 负载主要有列车空调、空气压缩机和通风机电机，AC 220 V 负载主要有正常工作情况下的客室照明及 AC 220 V 插座等。

低压 DC 110 V 控制电源则有两种方案。

① 通过辅助逆变器、隔离变压器降压再整流滤波来实现；

② 通过直—直变换器直接接入电网，经高频变压器隔离，再整流滤波来实现。

两者比较看，后者是独立的，与辅助逆变器无关，也就不受逆变器故障的影响，在供电功能方面有一定的好处；但是因为需要独立的直流电源，也就增加了成本。

低压 DC 110 V 控制电源负载较多，如列车控制、通信、照明、车门控制与驱动、信息显示及紧急通风等。

4.1.2 辅助电源系统的供电方式

城轨车辆大都采用两动一拖（3 节车辆）构成一个单元，由两个单元（6 节编组）构成一列车，用符号表示为：－Tc * Mp * M=M * Mp * Tc－，其中：Tc 为带司机室的拖车；Mp 为带受电弓的动车；M 为不带受电弓的动车；“－”为全自动车钩；“=”为半自动车钩；“*”为半永久牵引杆，图 4－1 为一个单元车示意图。根据每个单元辅助逆变器的配备及供电情况，辅助电源系统的供电方式有“集中供电”和“分散供电”两种，每单元配备多台辅助逆变器的供电方式称为分散供电，每单元只配一台辅助逆变器的供电方式称为集中供电。

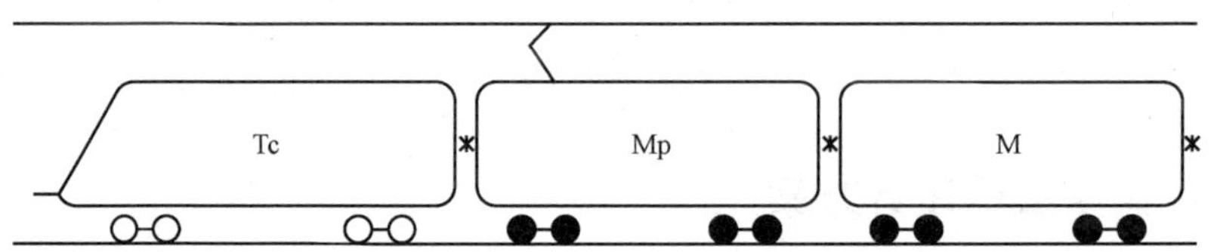

图 4－1　城轨单元车示意图

分散供电的城轨列车，每节车辆均配备一台辅助逆变器，其中一台辅助逆变器含有 DC 110 V 控制电源，即每单元共用一台 DC 110 V 的控制电源，则每节车辆的辅助逆变器容量为 75～80 kVA，DC 110 V 控制电源（兼作蓄电池充电器）功率约为 25 kW。后来法国 Alston 生产的城轨车辆，改为一个单元车配 2 台静止辅助逆变器，每台容量为 120 kVA，且每台含 DC 110 V 控制电源，功率为 12 kW。最近国外生产的城轨车辆，在 6 节编组中，每单元只配一台静止辅助逆变器，容量约为 250 kVA，一台 DC 110 V 控制电源，容量约为 25 kW，即所谓的“集中供电”。

这两种供电方式各有优缺点。分散供电的冗余度大，均衡轴重好配置，但造价要大些，且总重也会高些。而集中供电的冗余度小，每轴配重难以一致，但相对而言，总重会轻些，成本低些。

国内城轨公司通常会根据具体情况选择不同车辆，甚至同一城轨公司的不同线路也采用不同的车辆，其辅助供电方案也是千变万化，不能一概而论。然而无论采用何种方案，辅助供电系统的本质是相同的，各种电源设备在系统中的作用及其工作原理也是大同小异，所以本章所介绍的辅助逆变器、蓄电池充电器（DC/DC 变换器）和蓄电池三种辅助电源设备只能针对某一特定车辆定性分析，技术参数也仅供参考，望读者在把握内在本质的基础上也能做到举一反三、触类旁通。

4.2　辅助逆变器

辅助逆变器也称为静止逆变器（SIV），根据车辆设计方案及供电方式不同，辅助逆变器的数量及安装位置会有所不同，如广州地铁 1 号线车辆为分散供电，其设备配置框图如图 4－2 所示，每节车都配备一台辅助逆变器，其中两个单元的 Tc 车（A 车）各配有一台带充电机的辅助逆变器，而其他车为不带充电机的辅助逆变器。

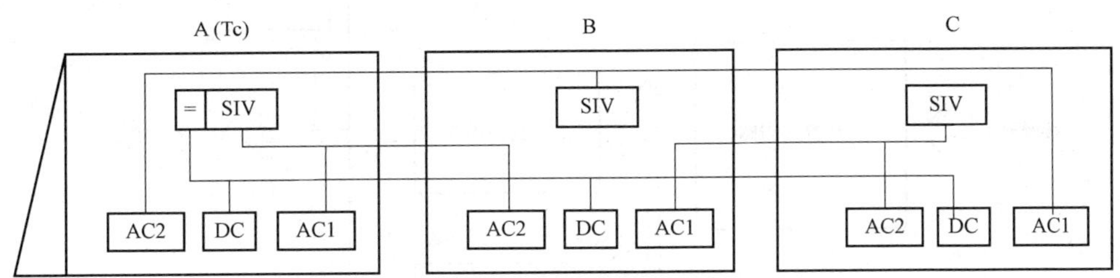

图 4－2　广州地铁 1 号线辅助供电设备配置框图

广州地铁 2 号线车辆为集中供电，每个单元的 M 车（C 车）配有一台不带充电机的辅助逆变器，而 Tc 车（A 车）配有独立的充电机，如图 4－3 所示。

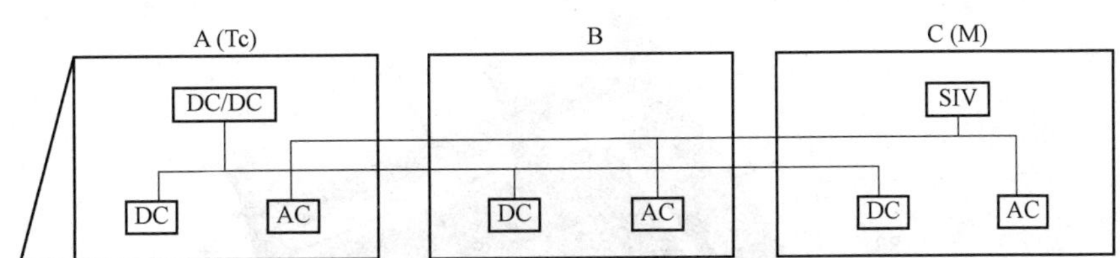

图 4－3　广州地铁 2 号线辅助供电设备配置框图

上海地铁 4 号线车辆为集中供电，只在每个单元的 Tc 车（A 车）配有一台带充电机的辅助逆变器，如图 4－4 所示。

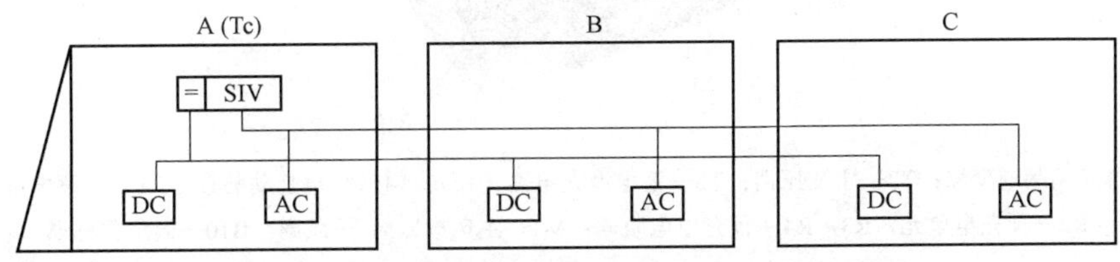

图 4－4　上海地铁 4 号线辅助供电设备配置框图

4.2.1 辅助逆变器的作用和结构

辅助逆变器是辅助供电系统的核心部件，通常采用 IGBT 功率元件并使用微处理器及 PWM 控制技术，其作用是把电网输入的高压直流电转变为恒压恒频的 AC 380 V 三相交流电，为列车交流辅助类负载供电，同时经变压器隔离后输出 AC 220 V 单相电源供客室正常照明等负载用电。如某车辆 Tc 车安装有带充电机（该充电机为 DC/DC 变换器，作用是把接触网提供的 DC 1 500 V 直流电转换为 DC 110 V 直流电）的辅助逆变器，其工作结构如图 4－5 所示，其安装结构如图 4－6 所示。

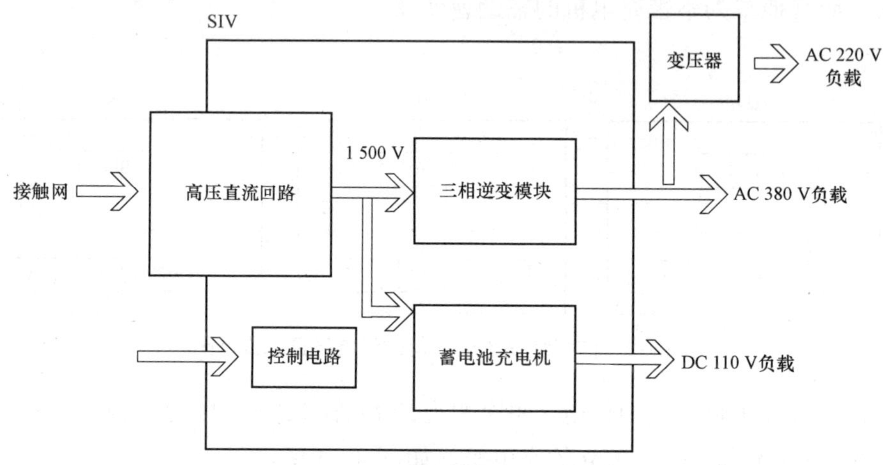

图 4－5 辅助逆变器工作结构

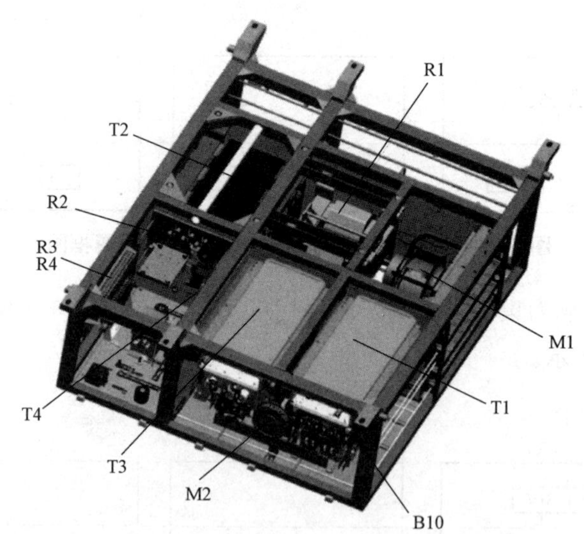

T1—脉宽调制逆变器；T2—主变压器；T3—蓄电池充电器（Tc）；T4—紧急起动装置；R1—线路电抗器；R2—预充电单元；R3，R4—预充电电阻器；M1—主风扇；M2—风扇；B10—温度传感器

图 4－6 辅助逆变器安装结构

有的城轨列车没有配备独立的 DC/DC 变换器，可将辅助逆变器输出的中压交流电进行整流滤波以获得 DC 110 V 控制电源。图 4－7 为中车青岛四方机车车辆股份有限公司某车辆辅助供电系统框图，整列车 4 台辅助电源设备采用并网供电方式，大大提高了辅助系统用电的可靠性，即使在一台辅助电源设备故障的情况下，剩余的三台设备完全可以满足辅助系统的用电需求，而不需要减载，当两台辅助供电设备故障时，可以通过减载的方式达到维持列车继续运行的目的。其充电机（25 kW/台）采用对 AC 380 V 电源进行整流的方式实现，为了最大可能地实现充电机工作的可靠性，充电机的电源从 AC 380 V 电源母线上获得。

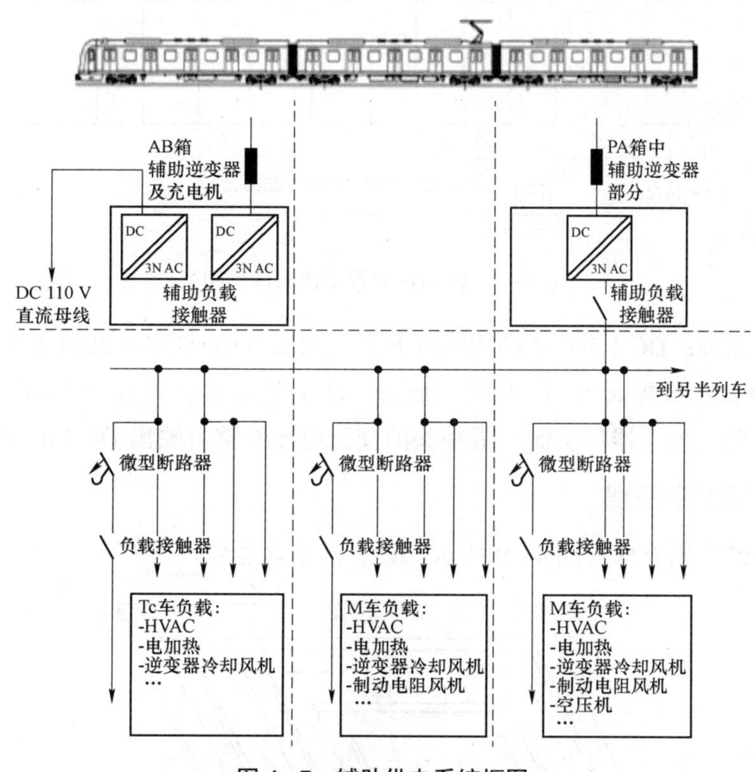

图 4－7　辅助供电系统框图

4.2.2　辅助逆变器的工作原理

以上海地铁车辆采用的西门子辅助逆变器（带有充电机整流模块）为例，其工作原理框图如图 4－8 所示。

1. 辅助逆变器主电路工作原理

辅助逆变器主电路主要由线路滤波器、斩波器、直流中间电压滤波器（蓄能滤波部分）、直—交逆变器、隔离变压器五部分构成。

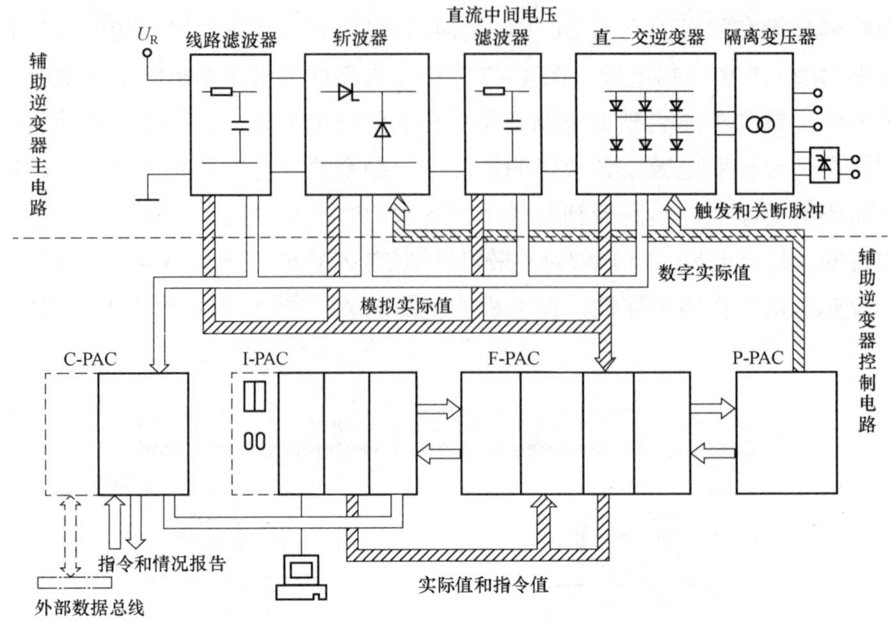

图 4-8 辅助逆变器工作原理框图

主电路基本原理：DC 1 500 V 经线路滤波器后由 GTO 斩波器斩波调压至 DC 775 V，再经过直流中间电压滤波器送入 14.3 型六脉冲 GTO 逆变器，其输出经隔离变压器后成为 AC 380 V，同时隔离变压器二次侧一组抽头的交流电压经整流输出 DC 110 V。

2. 辅助逆变器控制原理

辅助逆变器的控制原理如图 4-9 所示，它有四个功能包。

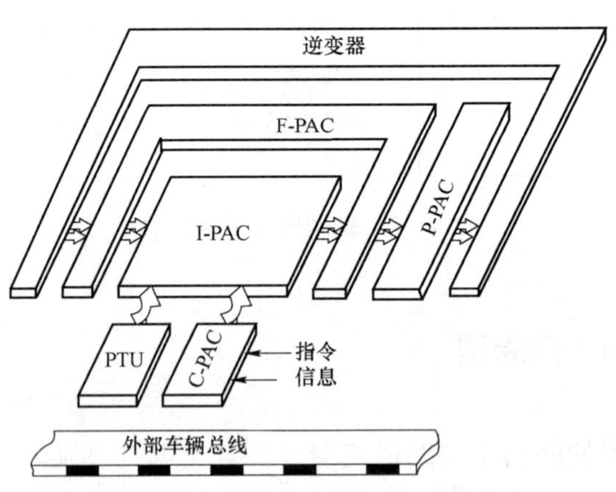

图 4-9 辅助逆变器控制原理图

① 电源功能包（P-PAC），提供控制电源及斩波、逆变器的脉冲。

② 通信功能包（C-PAC），传输逆变器及列车上的各种信号，寄存过程参数实际值。

③ 接口功能包（I-PAC），确定电参数所需值，监控逆变器电压、电流、温度、延时时间及工作过程。

④ 快速保护和控制功能包（F－PAC），控制逆变器工作过程，寄存过程参数中实际值的模拟量，逆变器快速保护。它包括实际值寄存、模拟监控、逆变器控制单元等模块。逆变器的快速保护功能过程为：模拟信号被控制在极限值内，如果超出极限值就封锁触发脉冲，中断逆变器工作，同时调整电压控制器工作状态，短路晶闸管触发工作，此时把逆变器中断原因输入 I－PAC 中，由 I－PAC 确定重新起动的可能性。

在辅助逆变器的输入电压处于允许范围内时，VCU 发出起动命令，辅助逆变器的预充电保护单元闭合，开始对支撑电容充电。若预充电单元没有错误，线路接触器闭合，辅助逆变器运行在断开输出保护的情况下，进行自检，测试是否有 AC 380 V 输出滤波电路内部短路、内部接地等故障。如果自检没有错误，为了与列车三相交流母线同步，辅助逆变器又一次关断。如果列车三相交流母线上没有电压，输出接触器第一次接通，辅助逆变器接通，系统正常起动；如果在系统自检后列车三相交流母线已经存在电压，在断开输出接触器的情况下，辅助逆变器后端的输出滤波器进行测试，辅助逆变器开始执行与列车三相交流母线的相位、电压的同步，达到同步后输出接触器接通，此时辅助逆变器已经接管了整个列车母线的输出。

4.2.3 辅助逆变器的主要技术参数

1. 不带充电机的辅助逆变器

以广州地铁 1 号线车辆辅助逆变器为例（不带充电机），其主要技术参数如下。

1）输入特性

额定输入电压：DC 1 500 V

输入电压范围：DC 1 000～2 000 V

最小工作电压：

（具有额定的输出特性时）DC 1 000 V

最大工作电压：

（具有额定的输出特性时）DC 2 000 V

2）输出特性

带中性点的三相输出电压：380/220 V（1±5%）

频率：50 Hz（1±1%）

输出功率（连续）：77 kVA

对应电机起动的输出电流：230 A

输出波形：12 脉冲正弦波

总谐波失真：＜15%RMS（在额定输入电压时）

3）杂项

在额定输入电压和满负荷时的总效率：＞92%

状态故障显示和中继接口：对应数据记录电脑的 RS－232 接口

噪声：无风扇时，3 m 远处，小于 66 dB

有风扇时，3 m 远处，小于 77 dB

4）机械构造

逆变器与变压器在同一外壳内时

尺寸：1 914 mm × 800 mm × 650 mm

质量：780 kg

5）电气连接

接头 L＋，L－：输入 DC 1 500 V

接头 L1，L2，L3：输出 AC 380 V/AC 220 V

2. 带充电机整流模块的辅助逆变器

以杭州地铁 2 号线车辆为例，其辅助逆变器（带充电机整流模块）的技术参数如下：

1）基础数据

外形尺寸（长 × 高 × 宽）：2 397 mm × 640 mm × 1 946 mm

质量：1 800 kg

保护等级：IP54

应用范围：拖车车底

环境温度范围：－12.7～＋40.8℃

最大运行高度：≤1 200 m

冷却类型：强迫风冷

2）电气数据

（1）输入电源（见表 4－1）。

表 4－1 输入电源

参　数	参数取值
额定电压	DC 1 500 V
输入电压范围	1 000～1 800 V
电压突变	±150 V/20 ms

（2）输出 1：3AC 380 V（见表 4－2）。

表 4－2 输出 1：3AC 380 V

项　目	描　述
额定电压	AC 380/220 V（1±5%）
相数	三相四线

续表

项　　目	描　　述
额定频率	50 Hz（1±1%）
容量	195 kVA
额定	100%，持续 150%，10 s 200%，立即保护
输出电压谐波含量	＜5%
功率因子	＞0.8（滞后）
输出电压不均衡度	＜1%（在额定电压/输出相间对称平衡的条件下）
输出电压瞬时变化范围	+15%～−20% 0.3 s 内恢复
直流输出纹波系数	—
负载	空调、通风机、空气压缩机、客室照明等，负载功率因素＞0.7，包括单相负载在内的负载不平衡度＜10%
效率	＞90%

（3）输出 2：DC 110 V（见表 4−3）。

表 4−3　输出 2：DC 110 V

项　　目	描　　述
额定电压	110 V（1±1%）
容量	25 kW
额定	100%，持续定额
直流输出纹波系数	＜5%
负载	DC 110 V 蓄电池、DC 110 V 负载
效率	＞90%

4.2.4　辅助逆变器的常见故障

城市轨道交通车辆辅助逆变器故障在日常临修中比较常见，尤其是高温季节较为突出，简要介绍以下几种情况。

1. 因空调故障引起的辅助逆变器故障

对于因空调故障引起的辅助逆变器的故障，一般来说此时辅助逆变器的故障记录多为输出三相不平衡等内容，其判断方法为：将空调切除，如果辅助逆变器故障消失，那么该故障很有可能是空调机组故障引起的。常见的空调故障有：空调通风机故障、空调冷凝风机故障、压缩机电机故障、空调机组与车体连接接插件接触不良。此外，辅助设备柜中与空调控制相关的接触器、空气开关接线松动、触点接触不良或损坏等在临修的过程中需要特别注意。

2. 辅助逆变器自身故障

辅助逆变器自身故障检查处理流程如图 4－10 所示。

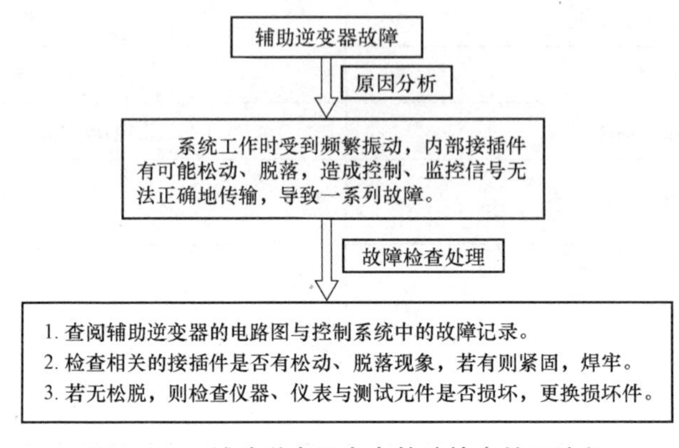

图 4－10　辅助逆变器自身故障检查处理流程

3. 雷击过电压引起的辅助逆变器故障

雷击有两种情况：① 雷电击中接触网，然后传递到受电弓上，这种情况在正线运行中比较常见；② 雷电直接击中受电弓。

处理步骤如下：

① 对于遭雷击而出现辅助逆变器故障的车辆，通常先进行收车作业，等待一段时间后重新起动列车；

② 如果辅助逆变器仍不能起动，则可进行应急起动；

③ 如果应急起动同样失败，则有可能是辅助逆变器或车间电源内部的相关元件损坏，这时需仔细检查发生故障的辅助逆变器与车间电源各电气部件。必要时使用兆欧表对辅助逆变器进行绝缘等级测定，判定是否有其他元件被击穿，以保证逆变器完好。

4. 再生制动电压反馈异常引起的辅助逆变器故障

列车再生制动时，若与牵引变电站配合存在问题，接触网（或接触轨）电压将升高，造成辅助逆变器过压保护。通常 10 s 左右，辅助逆变器可以恢复正常工作，期间列车将进入紧急照明、通风等工况，列车控制系统将记录类似辅助逆变器负载等相关信息。若网压上升迅速，列车辅助电路瞬间电流很大，辅助电路熔断器将熔断，甚至高压隔离二极管击穿，造成列车辅助电路失电，辅助逆变器无法正常工作，进而造成设备通风丧失，引起车辆救援。此时应该注意，司机在操纵再生制动时，一定要严密监视网压，一旦出现异常应立即切除再生制动，避免造成故障扩大，影响行车。

4.3　蓄　电　池

蓄电池是将化学能与电能相互转换的装置，把电能转换为化学能储存起来的过程称为充电，把化学能转换为电能向负载供电的过程称为放电，蓄电池的充电和放电过程是可逆的。

城市轨道交通车辆蓄电池通常有酸性蓄电池和碱性蓄电池两种。酸性蓄电池比较轻，其单节电池标称电压较高，为 2～2.1 V，但是它工作时释放出的硫酸气体是有害的；同酸性蓄电池相比，碱性（镍铬）蓄电池的主要缺点是单节电池的电压较低，略大于 1 V，但它能承受较大的电流，耐振动，耐冲击，对过充电和欠充电不太敏感，自放电极弱，使用寿命长，不释放有害气体，所以应用广泛。

城市轨道交通列车主蓄电池一般是由 80 或 84 只镍镉可充电电池单体串联而成的电池组，满电压为 DC 110 V。按其容量分有 60 Ah、120 Ah、140 Ah、160 Ah 等，选择哪种容量的蓄电池组由城轨列车在紧急状态（如接触网断电）时的直流负载决定。城市轨道交通列车有二组蓄电池和四组蓄电池配置两种情况，每个蓄电池组以浮充电模式与充电器相连接，蓄电池组装在蓄电池箱内，采用自然通风。如杭州地铁 2 号线车辆中，每列车共有两个蓄电池组，每组蓄电池由两个蓄电池箱串联而成，分别安装于两个 Tc 车下，每组蓄电池容量为 140 Ah，每组蓄电池由 84 个串联的蓄电池单体组成，单体蓄电池的标称电压为 1.2 V。

下面以庞巴迪某车型 6 节编组地铁车辆蓄电池为例进行具体介绍，每辆 A 车中安装两个蓄电池箱，合成为一个蓄电池组，每个蓄电池组中有 80 个镍镉电池单体，型号为 FNC232 MR，电池单体额定电压为 1.2 V，放电率为 5 h 时容量为 140 Ah。电池单体串联在 16 个不锈钢的隔栅中，用镀镍铜板在这些隔栅之间连接内部的电池单体，隔栅之间用无卤铜线连接。蓄电池箱安装在能拉进、拉出的滑道上，方便在车上进行蓄电池的维护修理。

4.3.1　蓄电池的作用和结构

1. 作用

一方面，蓄电池为列车起动时的电气设备提供 DC 110 V 直流电源，直至列车控制电源正常工作。另一方面，在列车运行过程中，若列车失去电源（如辅助逆变器不工作或降弓情况下），蓄电池组也可以为列车紧急负载供电 45 min。45 min 紧急负载主要包括：客室紧急照明，司机室照明，全部前照灯、尾灯和标志灯，所有与安全有关的控制系统，紧急通风，全部通信设备，包括列车广播、车载无线电、PIS 等。除此之外，蓄电池组的容量还应保证能提供所有客室侧门的一次开、关及列车再次唤醒。若在 45 min 内蓄电池电压表检测到其电压低于 84 V，列车会自动休眠。

2. 结构

镍镉蓄电池单体正极以多孔烧结氧化镍为电极基片，用化学方法沉淀氢氧化镍作为电极活性物质。负极以金属镉为基片，用化学方法沉淀氢氧化镉作为电极。它们分别包在穿孔钢带中经加工而成为正极板组和负极板组，以绝缘隔膜隔离正、负极板，牢固地装在塑料外壳内组成蓄电池单体，如图 4－11 所示。

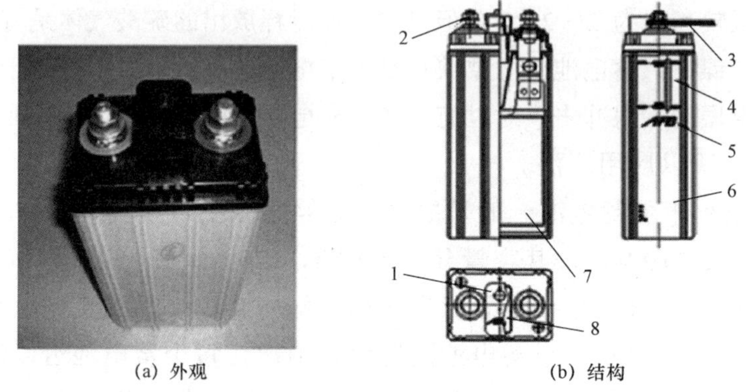

(a) 外观　　(b) 结构

1—液口栓盖；2—外接端子；3—跨接板；4—富液设计；5—电池商标；6—形式表示；7—烧结式极板新开发极板；8—二次补水装置

图 4－11　单节蓄电池的外观及结构

每个蓄电池单体基本包括以下几个部分。

① 正、负极：由活性物质和导电骨架组成。

② 隔膜：用在正、负极板之间，防止正、负极之间短路。

③ 电解液：在电池内部，起到离子导电的作用，在蓄电池内部形成通路。

④ 外壳：极板、电解液和隔膜组装在外壳内。外壳要求有良好的机械强度，耐冲击、耐腐蚀、耐高低温等。

⑤ 其他部件：如螺栓、螺母、垫片、弹簧和导线等。

镍镉蓄电池的电解液为 KOH 水溶液，电压 1.2 V，体积能量密度为 130～200 Wh/L，质量能量密度则为 40～50 Wh/kg。FNC232MR 型蓄电池电解液中也包含 55%浓度的氢氧化锂（23.1 g/L）。蓄电池盖上留有注液口，平时装有顶端带出气孔的塑料气塞，注入电解液时可打开气塞。

城市轨道交通车辆上，通常每个 Tc 车配置一组蓄电池，每组蓄电池配有 2 个蓄电池箱，其电气接口如图 4－12 所示。蓄电池箱内的主要设备包括：蓄电池、熔断器和温度传感器。熔断器用于对蓄电池电路进行过流保护；通过温度传感器检测蓄电池的温度，实现充电机对蓄电池充电电压的温度补偿功能。

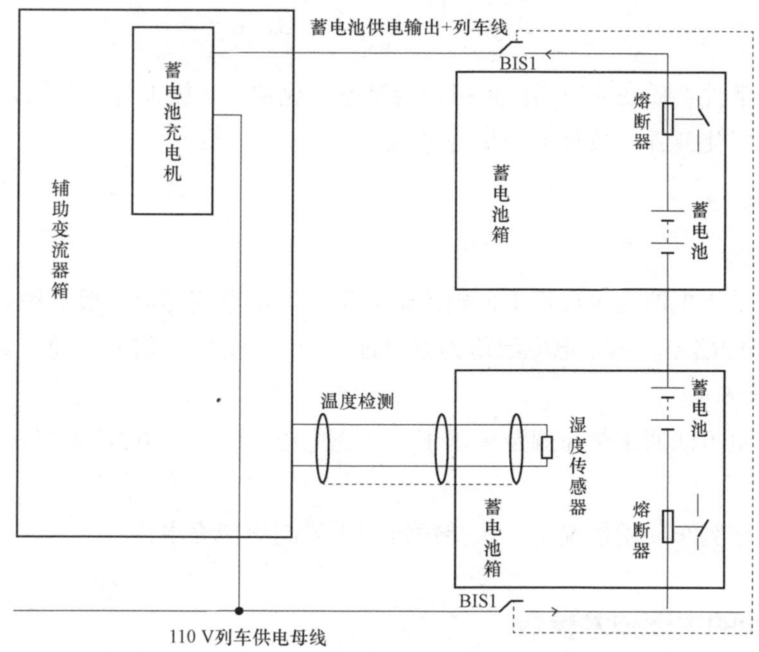

图 4－12　蓄电池箱电气接口示意图

列车正常运行时，蓄电池处于浮充状态；当蓄电池充电机检测到蓄电池电流大于某电流时，将自动调节浮充模式到快充模式，20℃时，单体快充电压为 1.59 V/节，充电电流限制值为 28 A。

随着充电的进行，充电电流将逐渐减小，当蓄电池充电机检测到蓄电池电流小于某电流时，将自动调节快充模式到浮充模式，20℃时，单体浮充电压为 1.50 V/节，充电电流限制值为 28 A。

蓄电池在充放电循环过程中，电池温度不能超过限定值，当检测到蓄电池的温度大于 75℃时，蓄电池充电机断开，当蓄电池的温度低于 65℃后再接通。

4.3.2　镍镉蓄电池的工作原理与充电方法

1. 工作原理

镍镉蓄电池充电时，正极发生氧化反应，负极发生还原反应；放电时，负极发生氧化反应，正极发生还原反应。

镍镉蓄电池化学总反应式为

$$\underset{\text{氢基氧化镍}}{\overset{\text{(正极)}}{2NiOOH}} + \underset{\text{水}}{\overset{\text{(电解液)}}{2H_2O}} + \underset{\text{镉}}{\overset{\text{(负极)}}{Cd}} \underset{\text{充电}}{\overset{\text{放电}}{\rightleftharpoons}} \underset{\text{氢氧化亚镍}}{\overset{\text{(正极)}}{2Ni(OH)_2}} + \underset{\text{氢氧化镉}}{\overset{\text{(负极)}}{Cd(OH)_2}}$$

过充电时为

$$\underset{\text{水}}{\overset{(\text{电解液})}{2H_2O}} \overset{\text{通电}}{=\!=\!=} \underset{\text{氢气}}{\overset{(\text{负极})}{2H_2}}\uparrow + \underset{\text{氧气}}{\overset{(\text{正极})}{O_2}}\uparrow$$

镍镉极板的活性物质在充电后，正极板为氢基氧化镍，负极板为金属镉。而放电终止后，正极板转化为氢氧化亚镍，负极板转化为氢氧化镉。

2. 充电方法

1）恒电流充电

恒电流充电是指电池充电过程中，电流恒定不变。恒电流充电一般是用 $0.2C_5$A（C_5A 表示蓄电池容量，$0.2C_5$A 表示充电电流值为蓄电池容量大小的 0.2 倍）电流连续充电 8 h。

2）恒压限流充电

恒压限流充电方法通常是在规定电压下，将充电电流限定在 $0.2C_5$A 以下充电。

3）浮充电

浮充电是指在列车使用情况下，保持恒压但不限制电流充电。

4.3.3 蓄电池的主要技术参数

1. 电压

① 标称电压（额定电压）：一般情况下，碱性蓄电池的标称电压是 1.2 V，酸性蓄电池的标称电压是 2.0 V。

② 充电电压：给蓄电池充电时设定的电压。

2. 容量

蓄电池的容量是指在一定的放电条件下可以从蓄电池中获得的电能，它是放电电流与放电时间乘积，其单位为 Ah。

蓄电池的安装额定容量考虑正常和降级条件下的使用。对于一个库存的 6 车单元，所有逆变器不工作，蓄电池应能维持一端电压给正常负载（司机控制器钥匙取出）所连接的设备供电 60 h。紧急情况下，能保证驱动紧急负载设备 45 min，并开、关门一次。

3. 放电电流

放电电流是指蓄电池工作时所产生的电流，单位为 A。

蓄电池在工作中的电流强度常用“放电倍率”来表示，放电倍率是指蓄电池在规定时间内放出其额定容量时所需要的电流值，写作 NC（N 代表倍数，C 代表蓄电池容量）。放电倍率对电池放电容量的影响很大，放电倍率越大，放电电流越大，电化学极化和浓差极化急剧增加，使电池放电电压急剧下降，电极活性物质来不及充分反应，电池容量会减少很多。蓄电池放电倍率主要有以下几种：低倍率（$<0.5C$）、中倍率［（0.5～3.5）C］、高倍率［（3.5～7）C］

和超高倍率（>7C）。

FNC232MR 型蓄电池主要技术参数如表 4－4 所示。

表 4－4　FNC232MR 型蓄电池主要技术参数

参数	参数取值
电池型号	FNC232MR
系统电压	DC 110 V
蓄电池组电压	96 V
蓄电池单体数量	80（16 个托盘，5 个单体/托盘）
额定电压	1.2 V（单体）
额定容量	140 Ah
极的数量	7 正极、8 负极，纤维结构设计
蓄电池单体尺寸	92 mm × 122 mm × 309 mm
终端（电极）	不锈钢螺钉和垫圈，M8 内螺纹螺栓
蓄电池组总重	530 kg
连接力矩	16 N • m
电池盒的材质	聚丙烯
极性鉴别	红色为正级，蓝色为负级
通风活塞	上部开口型
补充水周期	3 个月

4. 蓄电池容量测试方法

为进行容量测试，将电池与充放电器连接，然后按如下步骤操作：

① 用 28 A 电流放电，直至蓄电池电压为 1.00 V/单体；

② 中断至少 12 h（冷却阶段）；

③ 用 28 A 直流电给蓄电池充电 7.5 h；

④ 中断至少 2 h；

⑤ 蓄电池用 28 A 电流放电至 1.00 V/单体；

⑥ 分别读取并记录容量试验第⑤步后，3.5 h、4 h、4.5 h 甚至 5 h 之后的各个蓄电池盒的电压。

图 4－13 为 FNC232MR 型蓄电池 5 h 充电试验结果。

如果测量开路电压期间，发现任何有故障的蓄电池盒，需将故障蓄电池盒读数与容量试验过程中的读数相比较，若单个蓄电池盒的读数超过给定值，则该蓄电池盒应取出更换；若大多数蓄电池盒均超出给定值，则至少中断 12 h 后重做电容试验；如果重试期间容量仍旧升高，再次重复直至容量停止上升为止。如果所有试验均不理想，应更换整个蓄电池。

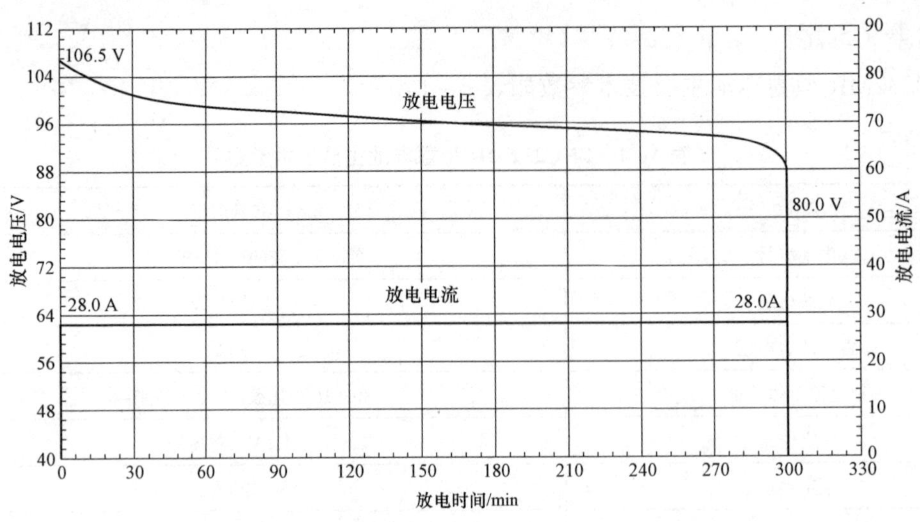

图 4－13 FNC232MR 型蓄电池 5 h 充电试验结果

如果试验符合要求，用 28 A 电流给电池充电 7.5 h，充完电后电池在列车上使用。图 4－14 为 FNC232MR 型蓄电池 7.5 h 充电试验数据。

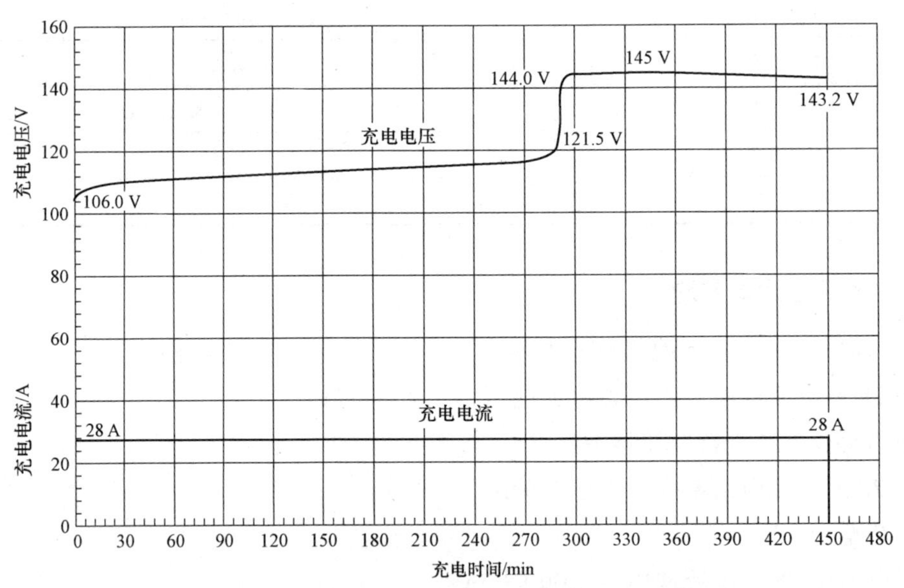

图 4－14 FNC232MR 型蓄电池 7.5 h 充电试验结果

4.3.4 蓄电池的保护措施

1. 隔离保护

低压箱内设有隔离开关，当蓄电池出现故障或要对与蓄电池相连的设备进行检修时，可以使蓄电池与负载和充电电源隔离。

2. 逆流保护

在低压箱设置二极管防止逆流（从 DC 110 V 负载到蓄电池），当一个蓄电池充电机（即低压电源）发生故障时，与其相关的蓄电池不再被充电。

3. 过流保护

在蓄电池正、负端设置熔断器、实现对蓄电池过流、短路保护，熔断器的辅助触点传输给 SKS，并由 TCMS 检测熔断器的状态。

4. 欠压保护

通过低压箱内的低压检测继电器检测所在单元蓄电池电压，通过 TCMS 传输远端蓄电池欠压信号，当检测到两组蓄电池电压都低于 84 V（各地铁车辆的低压阈值数据稍有不同）时，通过切断供电接触器切断蓄电池负载保护蓄电池，列车进入休眠状态。

4.3.5　蓄电池的失效与活化处理

1. 蓄电池的失效

蓄电池的失效有可逆失效和不可逆失效两类。

1）可逆失效

可逆失效是指当电池符合规定的性能要求，通过适当的活化处理能恢复到可用状态。

当电池以恒电流充放电和固定时间反复循环时，可能受到可逆的容量损失，这种现象称为“记忆效应”。无论是大电流放电到较低的终止电压还是小电流放电到较高的终止电压，其效应相同，容量衰减的基本原因是浅度放电。图 4－15 给出了密封电池以 0.2C 率循环放电 1 h 的电压曲线。这种电池在重复浅放电循环中，由于放电平均电压降低而导致电池容量减少，多数可通过几次深充放循环后恢复。

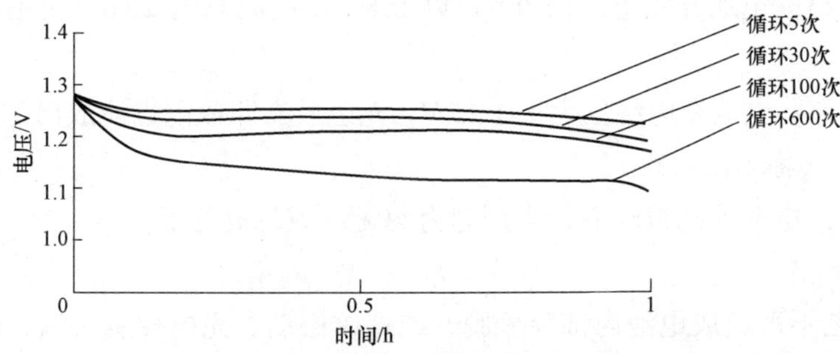

图 4－15　密封电池以 0.2C 率循环放电 1 h 电压曲线

另外，长期过充电也可使电池发生可逆失效，尤其在高温下更是如此。图 4－16 给出了密封电池以 0.1C 率长期过充后放电的电压曲线（虚线）和以 0.1C 率充电 18 h 后放电的电压曲线（实线）。可以看出，长期过充电会引起放电快终止时出现“过渡阶梯”，此时虽容量仍可适当利用，但工作电压比较低。通过几次深充放电循环后亦可恢复到额定电压和期望的容量。

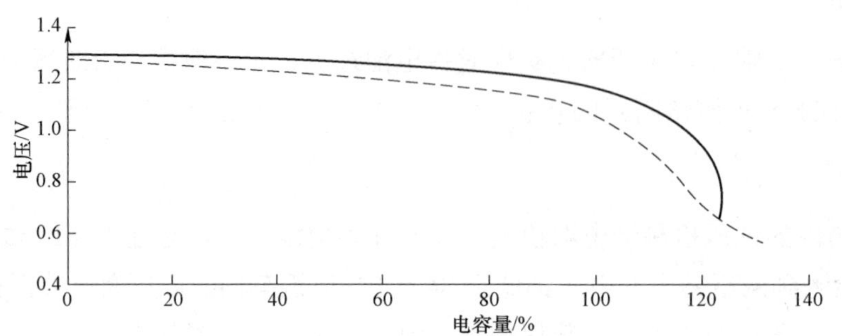

图 4－16　密封电池以 0.1C 率充放电曲线

2）不可逆失效

不可逆失效是指电池通过活化或其他方法仍不能恢复到可用状态，不可逆失效又称为永久失效。

短路和电解液干涸是导致电池永久失效的两个主要原因。电池内短路，导致电池无使用价值。电解液若稍有损耗就会引起电池容量减少，容量减少与电解液损耗成正比，这种情况在高倍率放电时更为明显。电池反复反极、高温下高倍率充电以及直接短路等情况都会引起电解液损耗。

高温会降低电池寿命。温度较高会加速隔膜受损并增加短路的可能，较高温度还会使水通过密封圈迅速蒸发，尽管这种影响是长期的，但温度越高电池损坏越严重。

3）蓄电池失效现象

（1）蓄电池短路。

蓄电池短路有三种情况。

① 低电阻短路：电池开路电压为 0 V，以 0.1C 率电流充电 20 h，充电终止电压仍低于 1.25 V。

② 高电阻短路：电池充电终压大于 1.25 V，充电后立即放电也能放出部分容量，但长时间搁置又降至 0 V（称为微短路）。

③ 间隙短路：电池受到振动后，电压忽有忽无，或忽高忽低。

（2）蓄电池断路。

由于制造工艺不严造成电池内部焊接脱开或螺纹松动、充电控制失调、使用维护不正确等都会造成蓄电池断路，即蓄电池无输出。

（3）蓄电池膨胀。

由于充电电压高，蓄电池常处于过充电状态，造成电池负极膨胀、壳体变形。

（4）气体阻挡层失效。

过充电电流过大、过充电温度过高或电解液液面低时的高倍率放电，都会引起气体阻挡层失效。

（5）热失控。

这是气体阻挡层失效的电池在恒电位充电场合所引起的后果。镍镉蓄电池的电压与温度成反比。环境温度升高时，蓄电池电压则下降。过充电时一部分电能转变成热能，使电池温度升高，电池电压下降，循环往复，使电池温度进一步升高，电压进一步下降，出现热失控。热失控可使电解液温度达到沸腾，使隔膜受到严重损坏，直至电解液耗干、内部短路。

蓄电池设计的使用寿命为在平均温度 22℃的条件下超过 15 年。当有效容量低于额定容量的 70%时为其使用寿限。

2. 蓄电池的活化处理

由于城市轨道交通车辆蓄电池长期处于浮充电状态或其他恒压充电使用状态，会出现电池容量不足和单体电池之间容量不均等问题，需要对蓄电池进行活化处理，即对蓄电池进行 1～3 次深充电、深放电，使电池的电化学活性“复活”，电容量恢复到一定的水平。通常蓄电池需要每年进行一次活化。蓄电池活化的过程如下：

① 第一次充放。以 0.2C 率电流充电 8 h→停置 1 h→0.2C 率电池放电至终止电压 1.0 V，记录放电时间，计算电池容量。若与初期容量差不多，可再通过 1～2 次充放电循环使蓄电池得到恢复。

若容量相差较大，则进入下一步。

② 第二次充放。以 0.2C 率电流使电池充足电→0.2C 率电流放电至电池单体均压 0.5 V→短接电池单体正负极 12 h 以上→拆除短路线→0.2C 率电流充电。

5 min 后测单体电压，如高于 1.50 V，则认为电池内阻大，应取出另外处理。

10 min 后再测电池电压，将高于 1.55 V 和低于 1.20 V 的电池取出另外处理。

③ 第三次充电。连续充电 8～10 h，测记单体电压，如电池电压低于 1.50 V，则须更换。

④ 第三次放电。以 0.2C 率电流放电，放电终压为 1.0 V，记录放电时间并根据放电时间计算电池容量。若放电容量不足，可重复步骤②、③、④，直到恢复一定容量为止。

如活化多次仍达不到额定容量的 70%，则认为蓄电池已失效。

4.3.6　镍镉蓄电池的使用注意事项及日常维护保养

1. 使用注意事项

① 不要敲拆、砸毁或焚烧电池，否则会飞溅出腐蚀性碱液伤人或引起爆炸。

② 不允许在电池上放置金属工具或其他器具，否则会使电池急放电而过热，损坏电池。

③ 充电前打开气塞盖或将闷塞换成通气塞，带有闷塞的电池充电会发生气胀，有可能引起电池爆炸。

④ 充电场所应保持通风，防止氢、氧气体积累发生爆炸事故。

⑤ 不允许有明火接近充电的电池。

⑥ 皮肤接触电解液时，应立即用硼酸水冲洗，避免碱性溶液的腐蚀。

2. 日常维护保养

蓄电池使用保养周期为2～3年。

① 蓄电池的日常维护重点是检查电解液的液面高度，应在防护板 10～15 mm 以上，高度不够时需添加蒸馏水。

② 蓄电池应至少 6 个月检查一次电压。列车运行中，若蓄电池电压低于 84 V（各地铁公司车辆规定数据稍有不同）时，10 min 后列车会自动进入休眠状态。

③ 蓄电池在使用一定时间后，需要测量和测试的项目还有以下两个。

a）电解液密度。电解液的密度直接影响蓄电池的容量，对于密度低于规定值的，应将蓄电池中的电解液全部排空后，重新调配电解液并加注。在重新加注前，需彻底清洗蓄电池内侧壳体和极板。在更换电解液时应采取必要的防护措施，以免对人体造成伤害。

b）蓄电池容量。蓄电池容量的测试应严格按照蓄电池供应厂家的要求进行。容量测试完成后，应按照测试结果对蓄电池进行分组，容量相差较大的蓄电池不应混装在一起使用。

④ 对接线排进行清洁、打磨，保证蓄电池之间连接良好。注意，蓄电池必须由有资格的电工进行维护，必须使用符合电规程和电防护措施的绝缘工具。

4.4 蓄电池充电器

蓄电池充电器也称充电机。在本章前面已有介绍，城市轨道交通车辆蓄电池充电器（充电机）有两种设计方案，一种是利用 DC/DC 变换器从接触网取电，其内部包含逆变和整流两种变换过程；另一种是利用 AC/DC 整流模块从辅助系统取电，其内部主要包含整流环节，本节主要针对独立的蓄电池充电器（充电机），即 DC/DC 变换器进行介绍。

正常运营时蓄电池充电器连接到 DC 1 500 V（或 DC 750 V）列车母线上，通过受电弓从接触网或第三轨获得电源，在车辆段则使用车间 DC 1 500 V（或 DC 750 V）电源供给蓄电池充电器和辅助逆变器。

某些 6 节编组的列车通常在 2 节 A 车各配有一台蓄电池充电器，并联对 6 节车供电。如果一台蓄电池充电器故障，将由另外一台给全部 6 节车负载供电，连接 DC 110 V 列车线的接触器自动把它们连接在一起。此时，故障充电器一端的蓄电池不再工作，列车可不受影响地继续运行。

4.4.1　蓄电池充电器的作用和结构

蓄电池充电器的作用是把接触网或第三轨提供的 1 500 V 或 750 V 直流电转换为 DC 110 V 的控制电源，为列车控制类负载供电，同时也为列车蓄电池进行充电。蓄电池充电器通常有三个输出端子，分别为+BN、+B、-B，其中+BN 端子为连接低压负载使用，+B 端子为蓄电池充电使用，-B 端子为输出负极。以庞巴迪某车型 6 节编组地铁车辆为例，其蓄电池充电器结构示意图如图 4-17 所示。

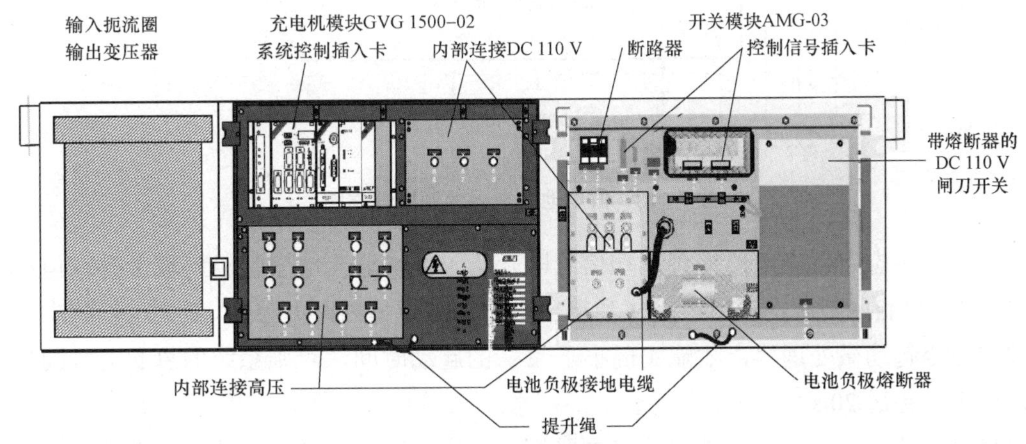

图 4-17　某蓄电池充电器结构示意图

输入扼流圈和输出变压器安置在通风区，其他元件安置在封闭区域，电缆经防水通道从一个区域到另一个区域。所有元件都能从模块的前面拔出，而充电机模块 GVG 1500-02 和开关模块 AMG-03 用卡宾旋转接头紧固，其作用就像锁一样防止任何非正常的拔出。连接高压电缆和 DC 110 V 的外部电缆从箱体后部的法兰板通过，连接在开关模块 AMG-03 的柱头螺栓端子上。车载蓄电池负极接地端子与设备前部箱体接地电位相连。

4.4.2　蓄电池充电器的工作原理

1. 控制原理

如图 4-18 所示，蓄电池充电器直接连接在高压供电线上，设备没有预充电装置，也没有将充电器从接触网上断开的接触器。当受电弓与接触网相连时，通过输入熔断器啮合，DC 1 500 V 直流输入电压就连到了充电器上。

内部电源由蓄电池组供应，紧急起动蓄电池有选择地起作用，当蓄电池电压供给到充电器时，将内部电源接通，同时内部微处理器控制系统（带 DSP 的控制单元）工作并等待起动

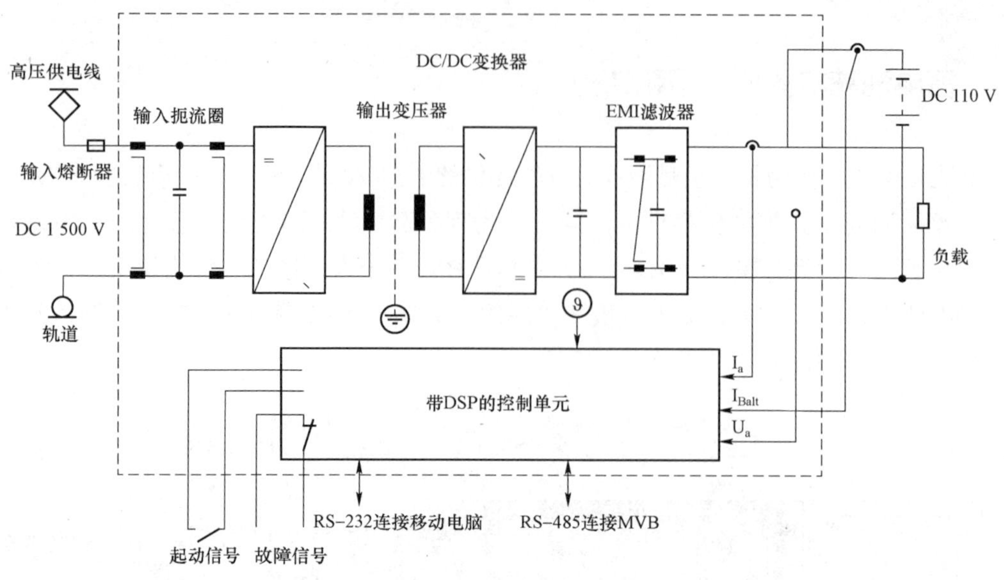

图 4-18 蓄电池充电器控制原理框图

信号，在这种状态下，充电器得到起动信号即开始工作，输出电压将沿斜坡上升，但在不到 2 s 的时间内就能达到额定输出电压（当输出电流在限定值内时），进入完全运行状态。只有在之前已完全起动微处理器，才能实现小于 2 s 的起动时间，否则系统的总起动时间将有所延长，但不会超过 20 s。

如果输入功率受到干扰，蓄电池充电器将立即停止工作，在输入功率重新回到规定界限内时，蓄电池充电器会在 2 s 内自动回到完全运行状态。

起动信号是一个由微处理器控制系统检测的数字式信号，当蓄电池系统达到额定电压时被触发，它被连接到蓄电池电压信号上，一旦起动信号消失，比如在安全环路没有构成、降弓等情况下，充电机立即停止工作。

故障信号是微处理器控制系统的输出信号，它可被看作是通常的开路接触器，在蓄电池电压达到额定电压时闭合，故障信号只能在充电器完全运行的状态下出现，受到一个短暂的干扰（如输入端出现了过电压），充电器是不会产生故障信号的。

充电器还带有 RS-232 接口和 RS-485 接口，两个接口均基于诊断软件对 MEE 进行控制操作。

蓄电池充电器将监控蓄电池系统中的不同数据，例如，充电器输出电流，蓄电池电流、电压和温度。在软件中不同的控制方法也将与不同的蓄电池系统相匹配。蓄电池电压可以在蓄电池充电器的输出端口直接测量，也允许在输入端通过蓄电池传感器电缆直接测量蓄电池电压，这是一个可供选择的有效方法。输出电压、最大输出电流和最大蓄电池电流能够在软件中配置。

2. 电路原理

图 4-19 为某车辆蓄电池充电器的电路原理图，其中主要包括四个部分：单相半桥变换

器、变压器、二极管整流器和输出滤波器。

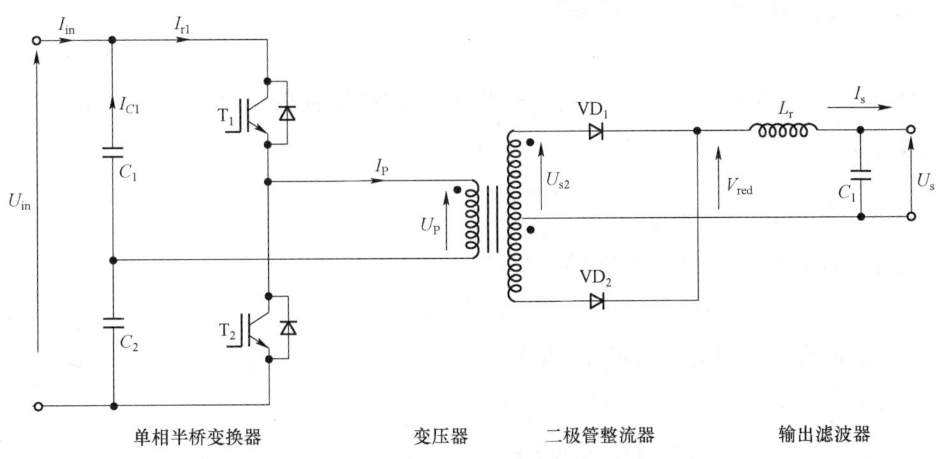

图 4－19　某车辆蓄电池充电器的电路原理图

单相半桥变换器将输入的直流电压变换为矩形电压，以满足初级变压器的需要。变压器在输出侧与输入侧之间形成电气隔离，避免干扰电压的影响。二极管整流器和输出滤波器将产生一个直流电压，为蓄电池及 DC 110 V 负载供电。

4.4.3　蓄电池充电器箱

蓄电池充电器箱的构成如图 4－20 所示，各项的物理意义如下。

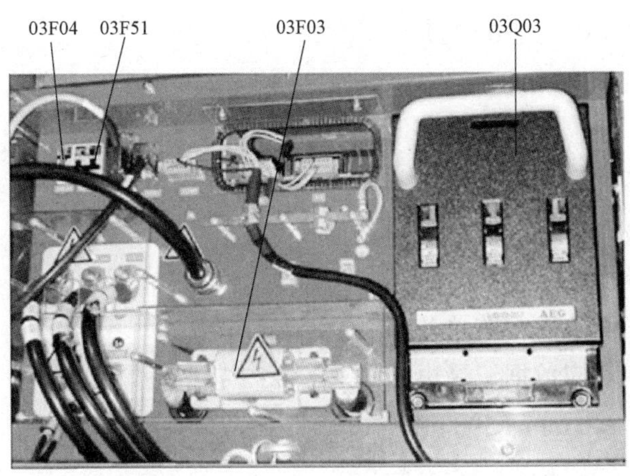

图 4－20　蓄电池充电器箱的构成

① 03F04：蓄电池的接触器（微型断路器）。

② 03F51：紧急起动蓄电池保险装置（微型断路器）。

③ 03F03：该装置保护蓄电池负极（熔断器）。

④ 03Q03：该装置保护蓄电池的供电回路以及蓄电池的正极（断路器装置）。

4.4.4 蓄电池充电器主要技术参数

以广州地铁 1 号线为例，其蓄电池充电器（DC/DC 变换器）技术参数如下。

1. 输入数据

额定输入电压：DC 1 500 V
输入电压范围：DC 1 000～2 000 V
最小工作电压：
（具有额定的输出特性时） DC 1 000 V
最大工作电压：
（具有额定的输出特性时） DC 2 000 V

2. 输出特性

1）输出 1
额定输出电压：126 V（1±0.5%）
输出功率（连续）：25.2 kW
输出电流：200 A
直流电压波动：＜5%V_{RMS}
电气隔离：在 DC/DC 模块中的变压器
2）输出 2
额定输出电压：126 V（1±0.5%）
输出功率（连续）：3.78 kW
输出电流：30 A
直流电压波动：＜5%V_{RMS}
电气隔离：在 DC/DC 模块中的变压器
3）杂项
在额定输入电压和满负荷时的总效率：＞85%
状态和故障显示：对应数据记录电脑的 RS－232 接口
尺寸：1 364 mm × 740 mm × 590 mm
质量：250 kg
4）电气连接
接头 L＋、L－：1 500 V 直流输入
接头＋BN、＋B、－B：126 V 直流输出（其中＋BN 端子为连接低压负载使用，＋B 端子为蓄电池充电使用，－B 端子为输出负极）

复习与思考 4

一、填空题

1. 车辆辅助供电系统的作用是为列车提供中压 AC ＿＿＿＿＿V 和 AC 220 V 辅助电源及低压 DC＿＿＿＿＿V 控制电源。

2. 城市轨道交通车辆上，＿＿＿＿＿的作用是将接触网 DC 1 500 V 直流电转换为 AC 380 V 交流电的电气设备。

3. 辅助供电系统的供电方案有＿＿＿＿＿供电和＿＿＿＿＿供电。

4. 蓄电池是在＿＿＿＿＿能与＿＿＿＿＿能之间相互转换的装置。

5. 城市轨道交通列车主蓄电池一般是由 80 或 84 只镍镉可充电电池单体＿＿＿＿＿联而成的电池组。

二、选择题

1. 辅助逆变器的工作模式为（　　）。

   A. 变压变频　　B. 恒压变频　　C. 恒压恒频

2. 充电机（DC/DC 变换器）为列车低压控制类负载供电的接线端子为（　　）。

   A. +BN 和 −B　　B. +B 和 −B　　C. +BN 和 +B　　D. +BN

3. 辅助逆变器的输入电压为（　　）V。

   A. 380　　B. 1 500　　C. 110

4. 城市轨道交通车辆每单元车配备一台辅助逆变器的供电方式称为（　　）。

   A. 集中　　B. 独立　　C. 分散

5. 以下属于 380 V 交流负载的是（　　）。

   A. 照明系统　　B. 车门系统　　C. 空气压缩机

三、简答题

1. 城轨车辆蓄电池的作用是什么？
2. 什么是集中供电？什么是分散供电？
3. 简述城市轨道交通车辆 DC 110 V 控制电源的构成方案。
4. 简述城市轨道交通车辆辅助电源系统的作用。

第5章

车辆传感器与检测装置

5.1 概　　述

随着微电子技术和微处理机技术的不断发展，传感器作为获取信息的工具，在当今信息时代的重要性是显而易见的。城市轨道交通车辆的控制系统越来越复杂，自动化程度也越来越高，为了满足控制系统的功能要求，需要检测有关部件、系统或整车的各种参数。因此，传感器作为测量和检测元件在城市轨道交通车辆上得到了广泛应用。例如，进行电流过载检测；在电机控制驱动中，作为电流反馈元件，构成电流反馈回路；进行速度检测、压力检测以及温度检测等。使用传感器时，被测信号绝大部分是非电量。

5.1.1　传感器的定义

传感器是能感受规定的被测量并按照一定的规律转换成可用的输出信号的器件或装置。在有些科学领域，传感器又被称为敏感元件、检测器或转换器。

传感器是一种检测装置，能感受到被测量，并能将检测到的信息按一定规律变换成电信号或其他所需的形式输出，以满足信息的传输、处理、存储、显示、记录和控制的要求，它是实现自动检测和自动控制的首要环节。传感器的输出信号多为易处理的电量，如电压、电流、频率等。

5.1.2　传感器的组成

传感器一般由敏感元件、转换元件、转换电路、辅助电源四个部分组成，如图 5-1 所示。

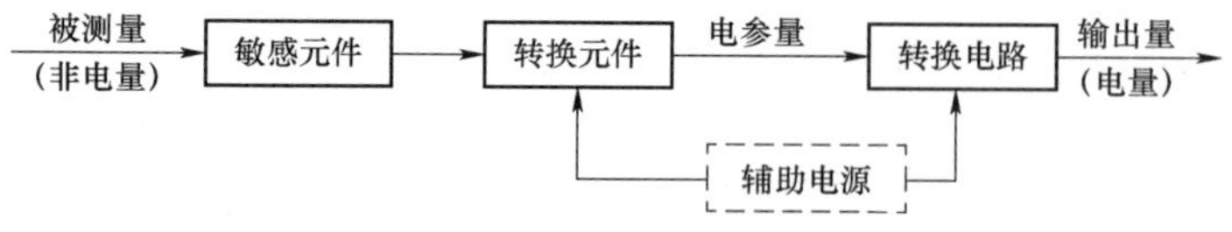

图 5-1　传感器组成框图

敏感元件是传感器中直接感受被测量的元件，即被测量通过传感器的敏感元件转换成一个与之有确定关系且更易于转换的非电量，这一非电量通过转换元件被转换成电参量。例如，电感式压力传感器的作用是将输入的压力信号变换成电压信号输出，它的敏感元件是一个膜盒，其作用是将压力转换成膜盒上半部的移动，产生相应的位移量。

传感器中将敏感元件输出的中间非电量转换成电参量输出的元件称为转换元件。例如，电感式压力传感器的转换元件是电感线圈，它将输入的位移量转换成电感的变化量。

转换电路的作用是将转换元件输出的电参量转换成易于处理的电压、电流或频率量。例如，电感式压力传感器中的转换电路是一个电桥电路，它可以将电感值转换成为电压信号，经过放大后即可推动记录、显示仪表工作。但若转换元件输出的已经是上述电参量，就不需要转换电路了。

辅助电源是用于提供传感器正常工作能源的电源，主要是指那些需要电源才能工作的转换电路和转换元件，其功能是负责给转换元件及转换电路供电。

在实际应用中，有些传感器只由敏感元件和转换元件组成，没有转换电路。而有些传感器的转换元件不止一个，要经过若干次转换。

5.1.3　传感器的分类

传感器的种类很多，分类方法也不尽相同，常用的分类方法有以下几种：

① 按传感器被测物理量分，可分为位移传感器、压力传感器、速度传感器、温度传感器、湿度传感器、流量传感器、气体成分传感器等；

② 按传感器工作原理分，可分为电阻式传感器、电容式传感器、电感式传感器、压电式传感器、磁电式传感器、霍尔传感器、光电传感器、光栅传感器、热电偶传感器等；

③ 按传感器的输出信号分，可分为开关型传感器、输出为模拟量的模拟型传感器、输出为脉冲或代码的数字型传感器。

5.2　温度传感器

温度传感器是指能够把温度量转换为电阻或电势的传感器，最常用的是热电阻传感器和热电偶传感器。将温度变化转换为电阻值变化的称为热电阻传感器，将温度变化转换为热电势变化的称为热电偶传感器。这两种传感器在许多领域中都得到了广泛应用。下面仅介绍热电阻传感器的工作原理。

热电阻传感器用于 500℃以下的中、低温测量。它利用导体或半导体的电阻值随温度变化而变化的原理进行测温。

从物理学可知，一般金属导体具有正的电阻温度系数，电阻率随着温度的上升而增加，在一定的温度范围内，电阻与温度的关系为

$$R_t=R_0+\Delta R_t \tag{5-1}$$

式中：R_t——t℃时的电阻值；

R_0——温度为0℃时的电阻值；

ΔR_t——温度上升 t（℃）而增加的电阻值。

对于线性较好的铜电阻或一定温度范围内的铂电阻可表示为

$$R_t=R_0[1+a(t-t_0)]=R_0(1+at) \tag{5-2}$$

式中：a 为电阻温度系数。对于绝大多数金属导体，a 并不是一个常数，而是温度的函数。但是在一定的温度范围内，a 可近似地看作是一个常数。不同的金属导体，a 保持常数所对应的温度范围不同。选作感温元件的材料应满足材料的电阻温度系数 a 较大，因为 a 越大热电阻的灵敏度越高。

热电阻传感器中的热电阻大都由纯金属材料铜、铂或镍制成，通常将铜、铂或镍丝绕在陶瓷或云母基板上，或是采用电镀的方法，将某种金属涂敷在陶瓷材料基板上形成薄膜。其电阻率随温度变化而变化，致使它的电阻值随温度变化而变化，并且当温度升高时阻值增大，温度降低时阻值减小，这样就达到了测量温度的目的。图 5-2 为热电阻外形。

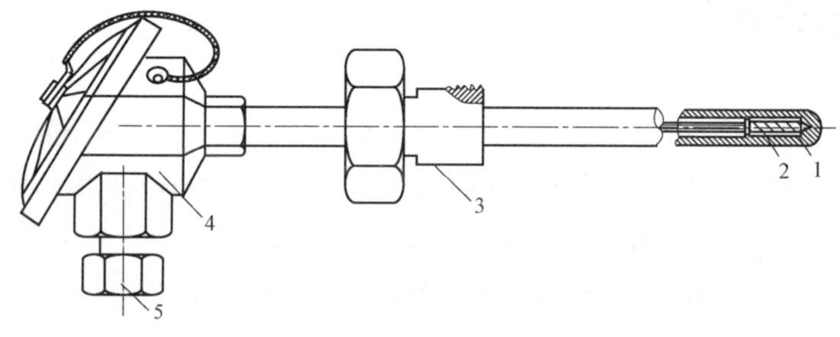

图 5-2 热电阻外形

1—保护套管；2—感温元件；3—紧固螺栓；4—接线盒；5—引出线密封套管

图 5-3 是城轨列车上使用的一种 Pt100 热电阻温度传感器。热电阻的受热部分（感温元件）是用细金属丝均匀地双绕在绝缘材料制成的骨架上制成的，当被测介质中有温度梯度存在时，所测量的温度是感温元件所在范围内介质中的平均温度。

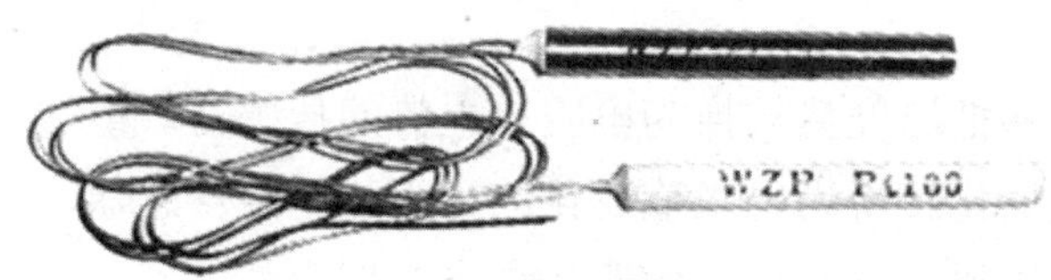

图 5-3 Pt100 热电阻温度传感器

热电阻的输入电路如图 5-4 所示，由 R_1、R_2、R_3 和被测电阻 Pt100 组成普通的四臂桥温度测量电路。热电阻温度传感器的输出为模拟量，只要将 V^+ 和 V^- 之差乘以一个系数 A 再加上常数 B，即 $T=(V^+-V^-)\times A+B$，便可得到被测设备的具体温度。

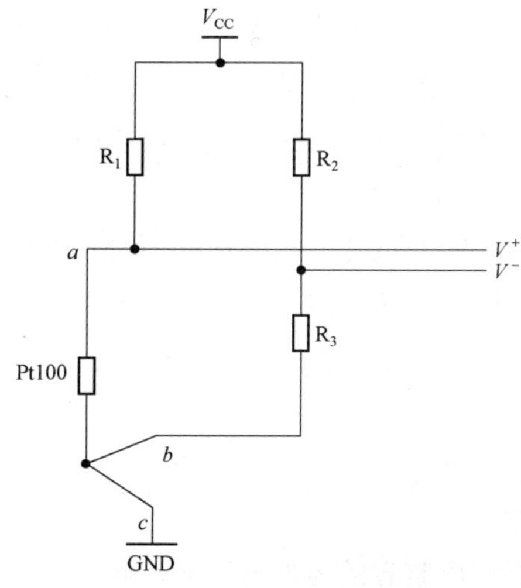

图 5－4　热电阻输入电路

城轨车辆上的 Pt100 热电阻温度传感器主要用于监测牵引逆变器三相模块、制动电阻、制动斩波器等的温度。

5.3　速度传感器

5.3.1　磁电式速度传感器

磁电式速度传感器是利用电磁感应原理将被测量转换成电信号的一种传感器，可用于速度检测。它不需要辅助电源，测量转速时只需对传感器输出的脉冲信号进行计数即可。转速测量中，根据传感器的安装方式不同，可分为接触式和非接触式传感器两种。

在城市轨道交通车辆上，每个牵引电机带一个速度传感器，安装在牵引电机轴端，以供控制系统进行信号的选取、转换和传输，其原理图如图 5－5 所示，这是一种非接触式传感器。

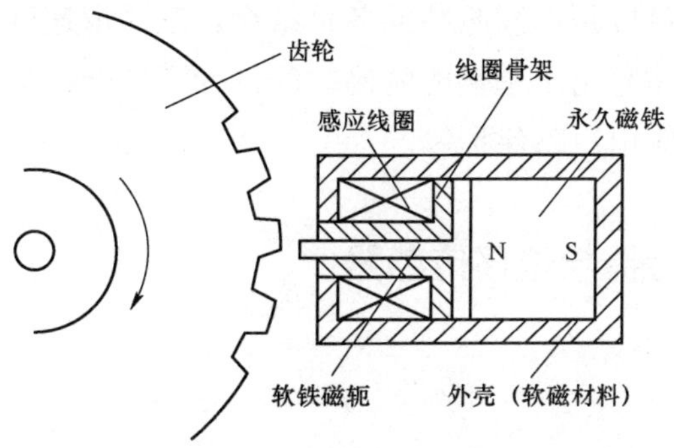

图 5－5　速度传感器原理图

磁电式传感器的外壳、永久磁铁和感应线圈固定不动，齿轮则安装在车轴端部随车轴一起旋转，传感器安装于轴箱盖上。当车轮转动时，齿轮随着一起旋转，齿顶和齿谷交替通过传感器，切割磁力线，即在传感器的输出线圈上感应出相应的电脉冲信号，且产生电脉冲信号的频率正比于运行速度。

另外，当齿轮与软铁磁轭之间的气隙距离因转动而变化时，气隙磁阻和穿过气隙的主磁通变化，在线圈中感应出电动势。每转一圈，传感器发出 110 个脉冲，其频率是

$$f=nN/60 \tag{5-3}$$

式中：f——频率，Hz；

n——转速，r/min；

N——齿数，110 个。

脉冲信号经整形和放大后输出整齐的矩形波信号，经定时计数器，把频率转换成转速。这种传感器结构简单，工作可靠。图 5－6 在城轨编组车辆的控制车上，每根轴装有一只单通道式速度传感器，为空气制动的滑动保护系统提供速度信号。在动车上，每轴装有一只双通道式速度传感器，分别为牵引与电制动系统的空转与滑动保护系统及空气制动的滑动保护系统提供速度信号。装在城轨车辆上的速度传感器如图 5－6 所示。

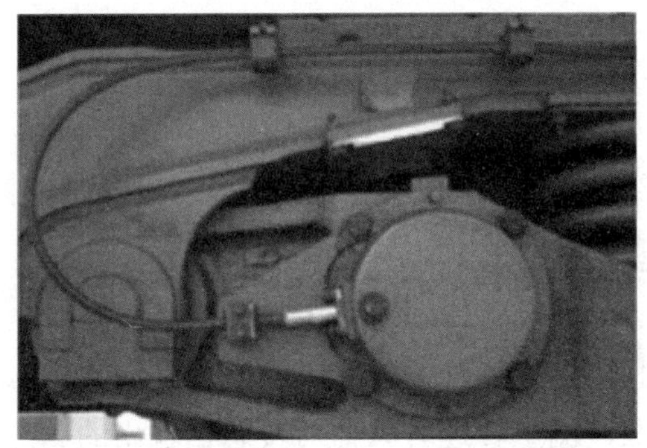

图 5－6　装在城轨车辆上的速度传感器

另外，还有一种光电式速度传感器，它有双通道和三通道两种。双通道光电式速度传感器通过内、外两轨道光栅盘扫描，光电模块输出两种不同频率、不随温度变化和不受电气干扰影响的方波信号，输出可以是不同脉冲的各种组合。三通道速度传感器与二通道速度传感器相比所多出的一个通道信号用于车辆的防溜功能。为了安全起见，速度传感器各通道彼此隔离，且带有极性保护、输出短路保护等。

5.3.2　霍尔式转速传感器与位移传感器

1. 概述

霍尔式传感器是基于霍尔效应的一种传感器，它利用霍尔效应来实现磁—电转换，主要

用于电磁、压力、位移、速度和振动等方面的测量。霍尔传感器的特点是结构简单、体积小、无触点、使用寿命长、可靠性高、易于微型化和集成电路化，因此在测量技术、自动化技术和信息处理等方面得到了广泛的应用。

1）霍尔效应

将金属或半导体薄片置于磁场中，当有电流流过时，在垂直于电流和磁场的方向上将产生电动势，这种物理现象称为霍尔效应，所产生的电动势称为霍尔电动势，这种金属或半导体薄片称为霍尔元件。

2）工作原理

霍尔元件工作原理如图 5-7 所示，金属或半导体在磁场作用下，两端会产生电位差 U_H。利用霍尔电动势的产生原理，可用霍尔元件检测磁通。一般的霍尔元件均有 4 根引线，其中 2 根用于外加电压输入，为霍尔元件提供电流，另 2 根引线输出霍尔电动势 U_H。当外加电压和电流 I_1 恒定时，输出的霍尔电动势 U_H 与磁场有良好的线性关系。

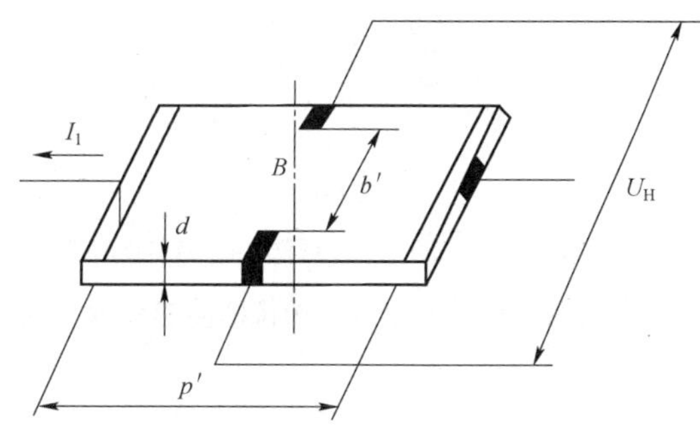

I_1—电流方向；d—元件厚度；b'—电极距离；p'—霍尔元件有效长度；B—磁场强度；U_H—霍尔电动势

图 5-7　霍尔元件工作原理

3）基本结构

霍尔元件由霍尔片、4 根引线和壳体组成，其外形结构如图 5-8（a）所示。霍尔片是一块矩形半导体单晶薄片（一般为 4 mm × 2 mm × 0.1 mm），在它的长度方向两端面上焊有两根引线（1 和 1′），用来加激励电压或电流，称为激励电极；另两侧端面的中点对称焊有两根引线（2 和 2′），为霍尔输出引线，称为霍尔电极。霍尔元件的壳体由非导磁金属、陶瓷或环氧树脂封装而成。

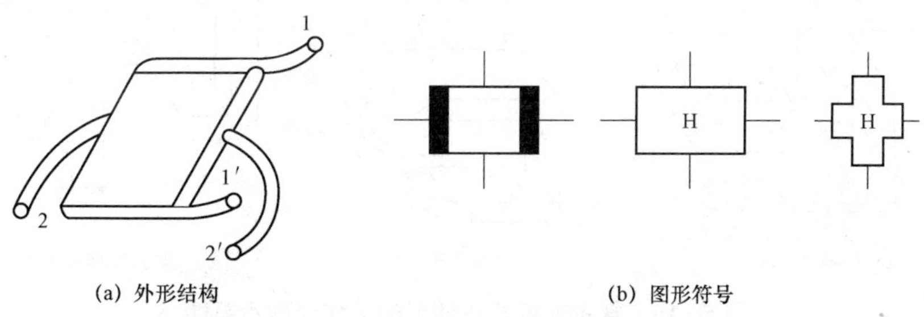

(a) 外形结构　　(b) 图形符号

图 5-8　霍尔元件外形结构及图形符号

在电路中霍尔元件可用几种图形符号表示，如图 5－8（b）所示。

2. 霍尔式转速传感器

利用霍尔开关器件测量转速的原理很简单，只要在被测转轴上安装一个非金属圆形薄片，将磁钢嵌在薄片圆周上，转轴每转动一周，霍尔转速传感器就输出一个检测信号。当磁钢与霍尔器件重合时，霍尔转速传感器输出低电平；当磁钢离开霍尔器件时，霍尔转速传感器输出高电平。信号经非门整形后，形成脉冲，只要对此脉冲信号计数就可以测得转速。为了提高转速的分辨率，可增加薄片圆周上磁钢的个数。图 5－9 所示为几种不同的霍尔式转速传感器的结构示意图。

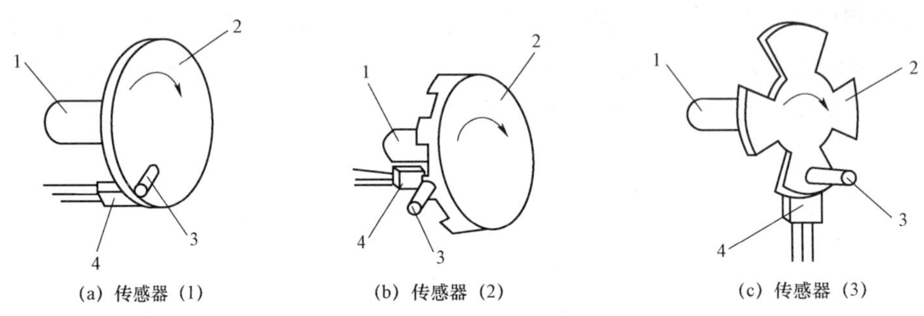

1—输入轴；2—转盘；3—小磁铁；4—霍尔传感器

图 5－9 几种不同的霍尔式转速传感器的结构示意图

3. 霍尔式位移传感器

霍尔式位移传感器的工作原理示意图如图 5－10 所示。图 5－10（a）为磁场强度相同的两块永久磁铁同极性相对放置，霍尔元件处在两块磁铁中间。由于磁铁中间的磁感应强度为 0，因此霍尔元件输出的霍尔电势也等于零，此时位移等于零。若霍尔元件在两磁铁中产生相对位移，霍尔元件感受到的磁感应强度也随之改变，这时霍尔电势不为零，其量值大小反映出霍尔元件在磁铁之间相对位置的变化量。图 5－10（b）为另一种结构简单的霍尔式位移传感器，由一块永久磁铁组成磁路，它的测量原理是保持霍尔元件的激励电流不变，并使其在

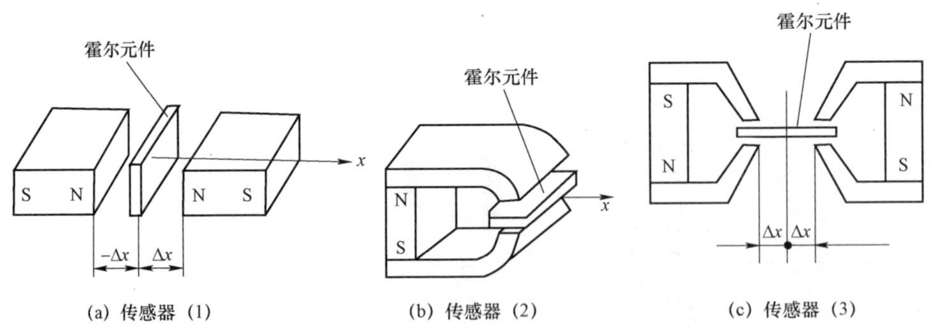

图 5－10 霍尔式位移传感器的工作原理示意图

一个梯度均匀的磁场中移动，则所移动的位移正比于输出的霍尔电势。图 5－10（c）为一个由两个结构相同的磁路组成的霍尔式位移传感器，为了获得较好的线性分布，在磁极端面装有极靴，霍尔元件调整好初始位置，可以使霍尔电压为零。这种传感器灵敏度很高，但它所能检测的位移量很小，适合于微位移量及振动的测量。

5.4　电压、电流传感器

5.4.1　霍尔电压传感器

霍尔电压传感器广泛用于测量电压。将其跨接在每台牵引电机的两端，可用来检测各电机的牵引电压大小，并将信号反馈到控制单元。

霍尔电压传感器中的关键器件是霍尔元件。如图 5－11 所示，霍尔元件通入适当的控制电流 I_c 后，在磁场不变的情况下，其输出电压正比于所在磁场的磁感应强度 B。

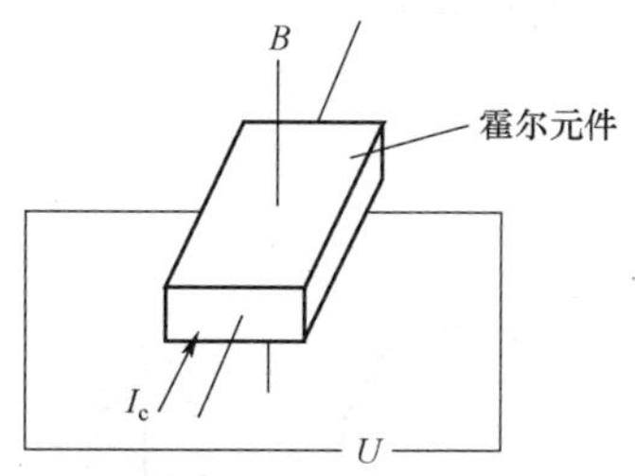

图 5－11　霍尔元件

传感器除一次侧被测电压输入接线端子、限流电阻连接片、二次侧测量输出端子和工作电源供给端子外，所有电子器件均用绝缘材料固封于自熄式绝缘外壳内，结构紧凑、牢固。

如图 5－12 所示，电压传感器由限流电阻 R_1、一次侧线圈 W_1、霍尔发生器、二次侧线圈 W_2 及放大电路等部分组成。当被测电压 U 在限流电阻 R_1 和一次侧线圈 W_1 中产生电流 I_p 时，该电流流经 W_1 产生磁场 H_p，使霍尔发生器有霍尔电势输出。该信号经放大电路放大，推动功率管，从电源获得补偿电流 I_s，I_s 流经 W_2 所产生的磁场 H_s 的方向和 H_p 相反，从而补偿了 H_p，直到 $I_p \times W_1=I_s \times W_2$ 为止。根据 $I_p \times W_1=I_s \times W_2$，可得出 $I_p=(W_2/W_1) \times I_s$，而被测电压 $U=I_p \times R'$，其中 R' 为 R_1 和一次线圈内阻之和。所以，测得 I_s 便可知被测电压 U 的值。

电压传感器的输出最终被输入到控制系统的输入模块中。这些输入的模拟量将被牵引控制系统运算单元进行检测、计算和比较，一旦发现某些电压值和设定值之间的差值超过允许范围，控制系统将根据故障的危害程度决定如何处理该故障，同时切断高速断路器。

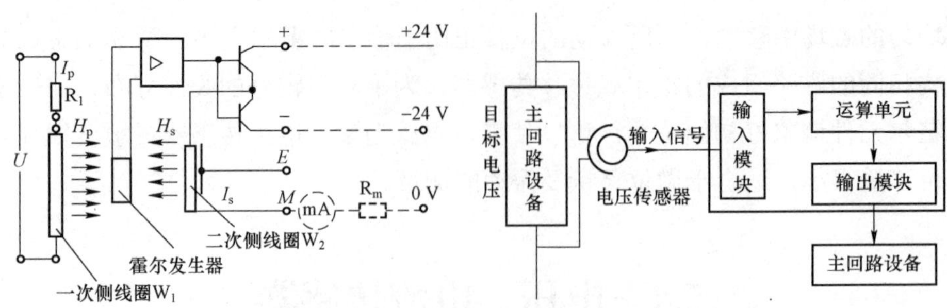

图 5-12 电压传感器原理示意图

城轨车辆主回路的工作电压范围是 1 000～1 800 V，如果超出该范围，就有可能对主回路系统造成损害，甚至影响运营安全，因此，必须对电压进行监控。主回路的电压检测设备是电压传感器，它的主要作用是检测主回路相关的电压，并反馈给控制单元，当出现过电压或欠电压时，由控制单元控制相应的保护动作。

图 5-13 为检测城轨车辆主回路电压的霍尔电压传感器的工作原理图，被测电压 U_n 作用在 R 上，R 中流过的电流 I_n 通过导体产生的磁场，由霍尔元件输出信号控制的补偿电流 I_m 流过次级线圈产生的磁场补偿，当原边与副边的磁场达到平衡时，其补偿电流 I_m 即可精确反映原边电流 I_n 值。该类电压传感器的输出也是电流。

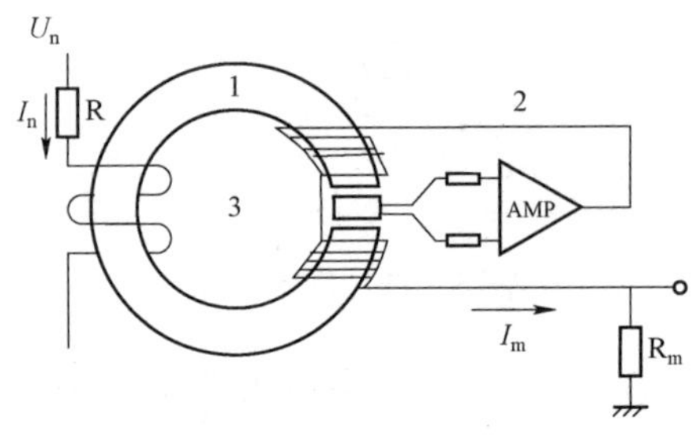

1—磁芯；2—副边补偿线圈；3—霍尔元件

图 5-13 检测城轨车辆主电路电压的霍尔电压传感器工作原理图

5.4.2 霍尔电流传感器

霍尔电流传感器广泛用于测量电流，可以制成电流过载检测器或过载保护装置。在电机控制驱动电路中，它可作为电流反馈元件，构成电流反馈回路。

霍尔电流传感器外形及结构示意图如图 5-14 所示。标准软磁材料圆环中心直径为 40 mm，截面面积为 4 mm × 4 mm（方形）；圆环上有一个缺口，放入集成霍尔元件；圆环上绕有一定匝数的线圈，当通过检测电流 I 时会产生磁场，则霍尔器件有信号输出。霍尔电流传感器中的关键器件是霍尔元件。

(a) 300～2 000 A传感器

(b) 3 000～6 000 A传感器

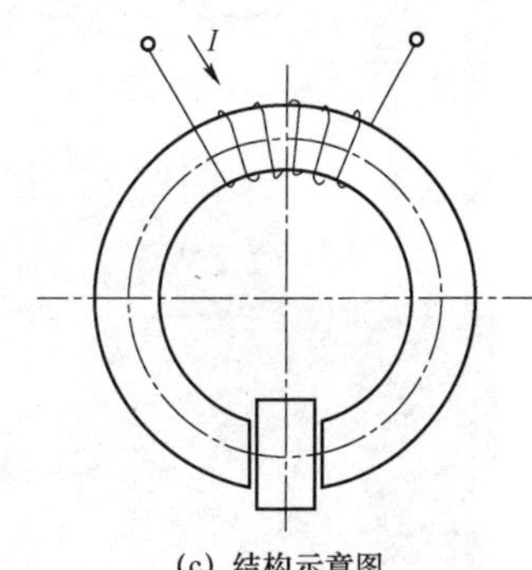

(c) 结构示意图

图 5－14　霍尔电流传感器外形及结构示意图

图 5－15 为霍尔电流传感器原理框图。霍尔电势经运放差分放大转换成电流信号 I_s，并流经次边线圈，其产生的磁场与被测电流 I_p 产生的磁场大小相等而方向相反。因而使置于该磁场中的霍尔发生器工作在零磁通状态，即

$$I_s \times N_s = I_p \times N_p$$

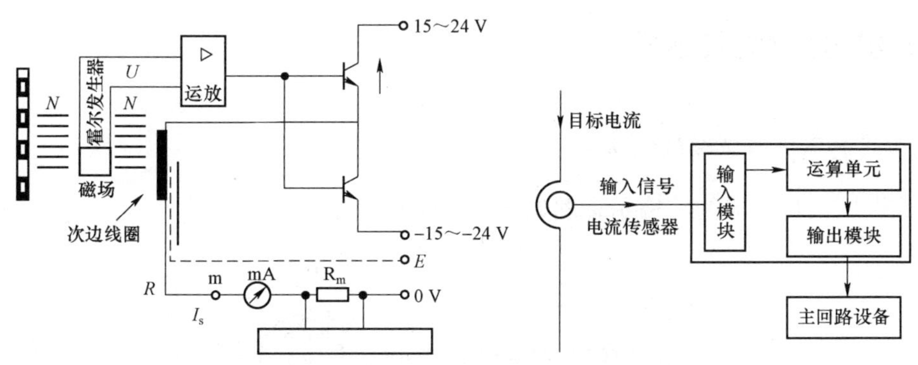

图 5－15　霍尔电流传感器原理框图

假设原边匝数 N_p=1，次边匝数 N_s 为 5 000，则 I_s=$I_p \times N_p$/5 000。若 I_p=1 000 A，则 I_s=200 mA；若 I_p=500 A，则 I_s=100 mA。

电流传感器的输出最终被输入到控制系统的输入模块中。这些输入的模拟量将被牵引控制系统的运算单元检测、计算和比较，一旦发现某些电流值和设定值之间的差值超过允许范围，控制系统将根据故障的危害程度决定如何处理该故障，同时切断高速断路器。

使用电流传感器时，必须先接通电源，然后再加上被测电流。当测量结束时必须先断开被测电流，然后再断开电源，否则将因剩磁而影响测量精度。

图 5－16 是安装在设备柜中的电流传感器。它的主要作用是检测主回路相关电流并反馈给控制单元。其工作原理示意图如图 5－17 所示，被测电流 I_n 流过导体产生的磁场，由通过霍尔元件输出信号控制的补偿电流 I_m 流过次级线圈产生的磁场补偿，当原边与副边的磁场达到平衡时，其补偿电流 I_m 即可精确反映原边电流 I_n 值。

图 5-16 电流传感器

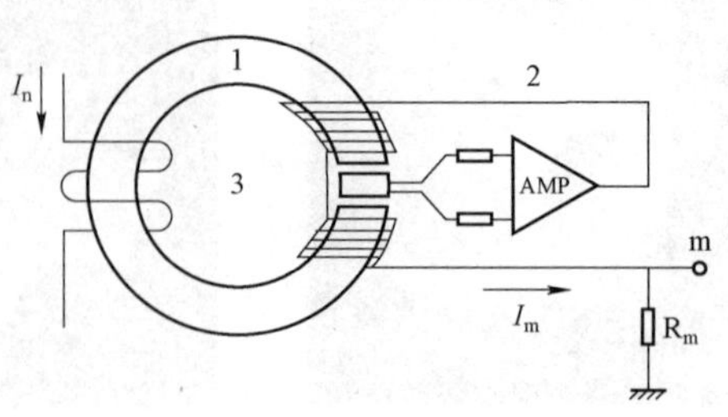

1—磁芯；2—副边补偿线圈；3—霍尔元件

图 5-17 霍尔电流传感器工作原理示意图

5.5 压力传感器

5.5.1 霍尔式微压力传感器

1. 霍尔式微压力传感器的结构

霍尔式微压力传感器的结构示意图如图 5-18 所示。

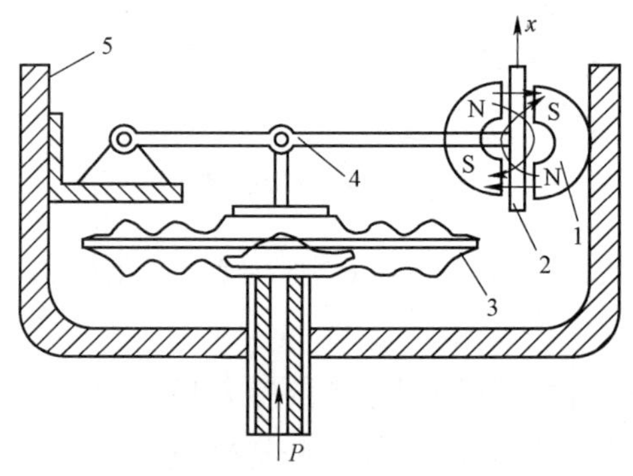

1—磁铁；2—霍尔元件；3—波纹膜盒；4—杠杆；5—外壳

图 5-18 霍尔式微压力传感器结构

霍尔式微压力传感器由霍尔元件、磁系统和压力弹性元件（波纹膜盒）组成。压力弹性元件（波纹膜盒）用来感受压力，并将压力转换为位移量。霍尔元件固定在压力弹性元件上，当压力弹性元件产生位移时，将带动霍尔元件在磁场中移动，从而产生霍尔电势，将位移量变换为电量，最终相当于将压力弹性元件感受到的压力转换为霍尔元件的电量。

2. 霍尔式微压力传感器的原理

当被测压力平衡时，霍尔元件的上半部分和下半部分感受的磁场方向相反、大小相等，霍尔电动势为 0。

当被测微压力 P 从进气口进入弹性波纹膜盒时，膜盒膨胀，带动杠杆移动，从而使霍尔元件在磁场中移动，改变了霍尔元件感受到的磁场大小及方向，引起霍尔电势的大小和极性改变，故霍尔元件输出的总电势不为 0，实现了压力—位移—电势的转换。

由于波纹膜盒与霍尔元件的灵敏度很高，所以此传感器可用于测量压力的微小变化。这种传感器可以使用线性型霍尔集成电路。

5.5.2　压电式压力传感器

压电式压力传感器是利用压电效应把非电量转换为电量。压电式压力传感器是种典型的有源传感器，它还具有一定的可逆性，由于其体积小、重量轻、结构简单、灵敏度高、固有频率高而得到了广泛应用。压电元件是一种典型的力敏元件，凡是能够变换为力的物理量，如应力、压力、加速度等均可测量。

压电式压力传感器的外形与结构示意图如图 5－19 所示。

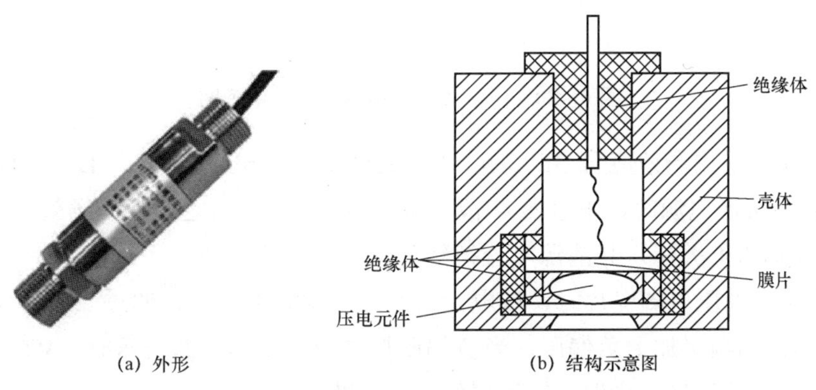

图 5－19　压电式压力传感器的外形与结构示意图

1. 压电元件材料

压电元件材料主要有：单晶体，例如天然石英（SiO_2）；多晶体，例如人工制造的压电陶瓷。压电陶瓷在进行极化处理之前，因各单晶体的压电效应互相抵消而表现为电中性，所以必须先对压电陶瓷进行极化处理。经极化处理的压电陶瓷具有非常高的压电系数，为石英的几百倍。

2. 压电效应

压电效应是指将压电元件承受的作用力转换成压电元件表面所带的电荷，即压电材料受压时会在其表面产生电荷，产生的电荷量与所受的压力成正比。外力消失后，压电材料又重新恢复到不带电状态。当作用力的方向改变时，电荷的极性也随之改变。压电材料也可以因电场作用产生机械变形，当在压电材料极化方向施加电场时，这些压电材料也会发生变形，这种现象称为逆压电现象。压电式压力传感器利用的都是压电材料的正压电效应。

3. 压电式压力传感器工作原理

压电式压力传感器的工作原理主要是压电效应，它是利用电气元件和其他机械把待测的压力转换成为电量，再进行相关的测量工作。

压电式压力传感器主要由膜片、压电元件和绝缘体组成。膜片起密封、预压和传递压力的作用。由于膜片的重量很小，而压电晶体的刚度很大，所以传感器具有很高的固有频率，尤其适用于动态压力测量。

压电式压力传感器电路原理图如图 5－20 所示。

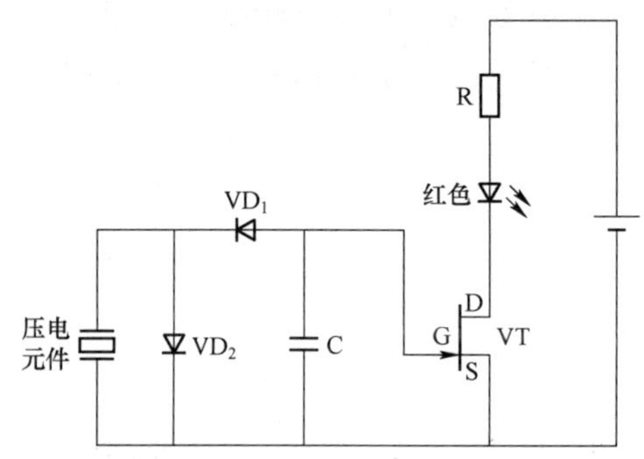

图 5－20　压电式压力传感器电路原理图

电路中的 VT 采用场效应管 3DJ6H，压电元件采用压电陶瓷片，VD_1、VD_2 选用硅开关二极管 IN4148。接通电源时，电容器 C 极板两端电压为 0，与之相连的场效应管控制栅极 G 的偏压为 0，这时 VT 关断，其漏源电流把红色发光二极管关断。

当有物体触碰到压电陶瓷片时，压电元件产生负向脉冲电压，通过二极管 VD_1 向电容器 C 充电，VT 的控制栅极加上负偏压，当负偏压超过所需要的夹断电压时，VT 导通，红色发光二极管发光。二极管 VD_2 旁路，在触碰结束后，随着电容器 C 上的电压由于压电元件漏电而逐渐熄灭，负电压变得小于夹断电压（绝对值），VT 处于关断状态，产生漏源电流，红色发光二极管逐渐熄灭，最终电路恢复到初始状态。

5.6　光电传感器

光电传感器是将光信号转换成电信号的装置，使用它测量非电量时，需要将这些非电量的变化转换成光信号的变化，光电传感器的基本转换原理就是将被测量转换成光信号的变化，然后将光信号作用于光电元件而转换成电信号输出。光电传感器具有精度高、反应快、非接触式等优点，而且结构简单，可测量的参数很多。因此，光电传感器在检测和控制中应用广泛。

光电传感器由光源、光学通路和光电元件三部分组成，其工作基础是光电效应。

5.6.1　光电效应和光电元件

1. 光电效应

光电传感器中能够将光信号转换成电信号输出的元件称为光电元件，而光电元件的这种特性就是光电效应。也就是说，光电效应即光电元件在光能的激发下产生某种电特性的变化。

利用各种光电元件制成的光电传感器广泛用于转速、位移、温度、距离等参数的测量。随着电子工业的发展，以及新光源、新光电元件的出现，光电传感器的应用范围日趋扩大，成为一种很有发展前途的传感器。

2. 光电元件

光电元件的种类很多，下面仅分析几种典型光电元件的基本工作原理。

1）光电管

常见的光电管外形及结构示意图如图 5－21 所示，阳极 A 与阴极 K 封装在一个玻璃管内。

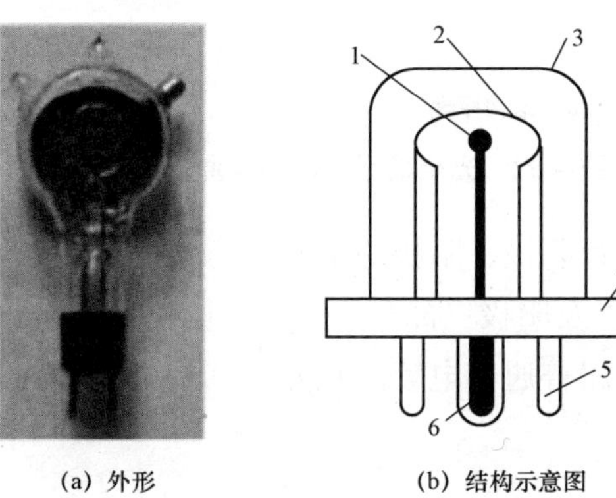

(a) 外形　　(b) 结构示意图

1—阳极 A；2—阴极 K；3—玻璃外壳；4—管座；5—电极引脚；6—定位销

图 5－21　常见光电管外形及结构示意图

当入射光照射在阴极上时，阴极表面电子吸收光子的能量，当其自身能量足以克服阴极束缚力时，就会逸出阴极表面。如果在阴极与阳极之间加以正向电压，逸出的电子就会定向射向阳极而形成光电流。

光电管的图形符号及测试电路如图 5－22 所示。负载电阻 R_L 与光电管串联接入电路，该电阻上的压降随光电流的大小而变化，而光电流的大小又直接反映了光照强度的变化，从而利于光电管实现光电信号的转换。由于光电管的灵敏度较低，所以在微光测量中，常常使用光电倍增管。

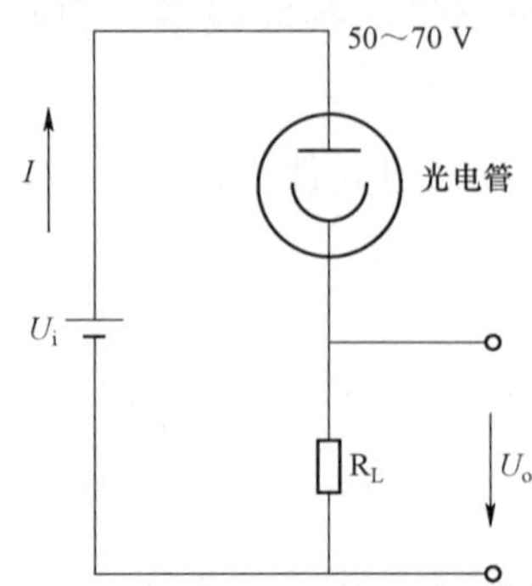

图 5－22　光电管的图形符号及测试电路

2）光电倍增管

图 5－23 为光电倍增管的结构原理和图形符号。

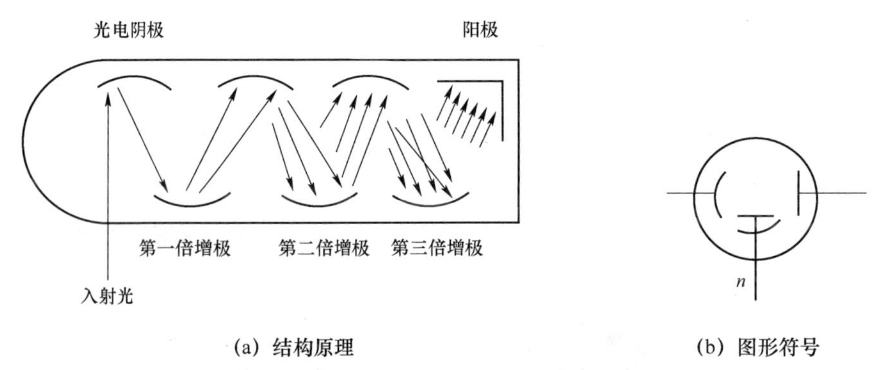

(a) 结构原理　　(b) 图形符号

图 5－23　光电倍增管的结构原理和图形符号

光电倍增管在普通光电管阴极、阳极的基础上，又加入了光电二次发射的倍增极。光电倍增管由光电阴极、倍增极以及阳极三部分组成。光电阴极由半导体光敏材料锑－铯（Cs–Sb）做成。光电倍增管的灵敏度比普通光电管高几万倍甚至更高，因此在微弱的光照下也能产生很大的光照电流。

3）光敏电阻

在半导体光敏材料两端装上电极导线，并将其封装在带有透明窗口的管壳里，就构成了光敏电阻。因光敏电阻的灵敏度易受湿度的影响，所以要严密封装。光敏电阻又称光导管，为纯电阻元件，其阻值随光照增强而减小，导电性能增强。光敏电阻一般由金属硫化物、硒化物等材料制成，如硫化镉、硫化铅、硫化铊、硒化镉、硒化铅等。

光敏电阻的结构、图形和文字符号及测试电路如图 5－24 所示。

如 5－24（c）所示，如果把光敏电阻连接到外电路中，在外加电压的作用下，便有电流流过；若有光照，电流就增加，即用光照射就能改变电路中电流的大小。光敏电阻一般都做成薄片状，因为其光电效应只限于受光照的表面层。为了获得高的灵敏度，光敏电阻的电极一般采用梳状图案，如图5-24（a）所示。

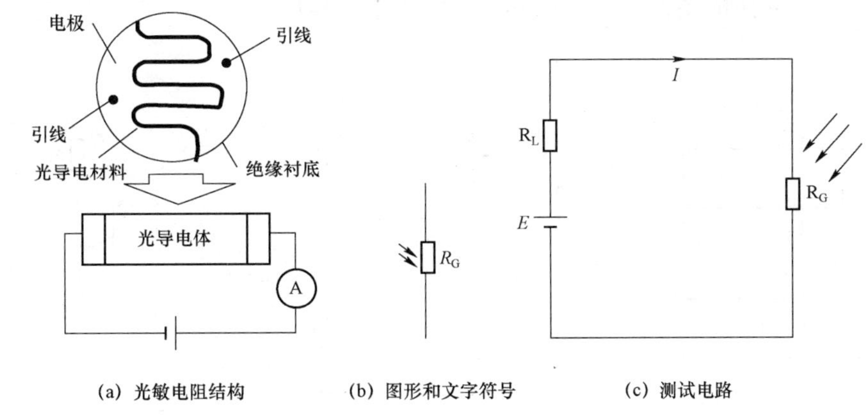

图5-24 光敏电阻结构、图形和文字符号及测试电路

4）光敏二极管

光敏二极管的结构、图形和文字符号及测试电路如图5-25所示。

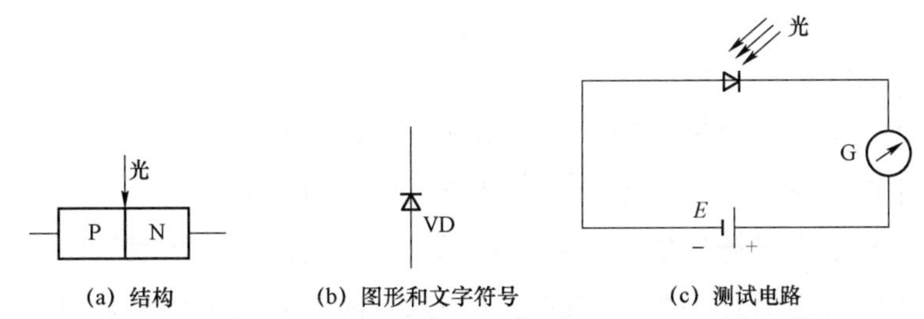

图5-25 光敏二极管的结构、图形和文字符号及测试电路

光敏二极管的结构与一般二极管相似，是两层半导体元件，含一个PN结。PN结装在透明管的顶部，直接接受光照。光敏二极管在电路中处反向偏置状态，没有光照时，由于PN结反偏，所以光敏二极管截止，反向电流很小（暗电流）。当有光照射到二极管的PN结时，PN结附近产生电子-空穴对，并在外电场和内电场的共同作用下，漂移越过PN结，产生光电流。此时，光电流与光照度成正比，光敏二极管处于导通状态。

5）光敏三极管

图5-26为光敏三极管的结构、图形和文字符号及开关电路。

光敏三极管由三层半导体组成，形成两个PN结。它与普通三极管不同，在应用时通常只用两根电极引线，如图5-26（c）所示。当光线通过透明窗口照在集电结上时，会使集电结反偏、发射结正偏，此时在集电结附近产生电子-空穴对。电子受集电结电场吸引流向集电区，基区留下空穴。由于空穴带正电，则基区电位升高，使电子从发射区流向基区。又由于基区很薄，只有一小部分从发射区来的电子与基区的空穴结合，大部分电子越过基区流向集电区。这一过程与普通三极管放大基极电流的作用相似，所以，光敏三极管放大了光电流，它的灵敏度比光敏二极管高出许多。

利用光敏三极管可以实现简单的光电开关，电路图如图 5-26（c）所示。图中两个光电开关在有光照和无光照的条件下，实现的开关状态截然相反。

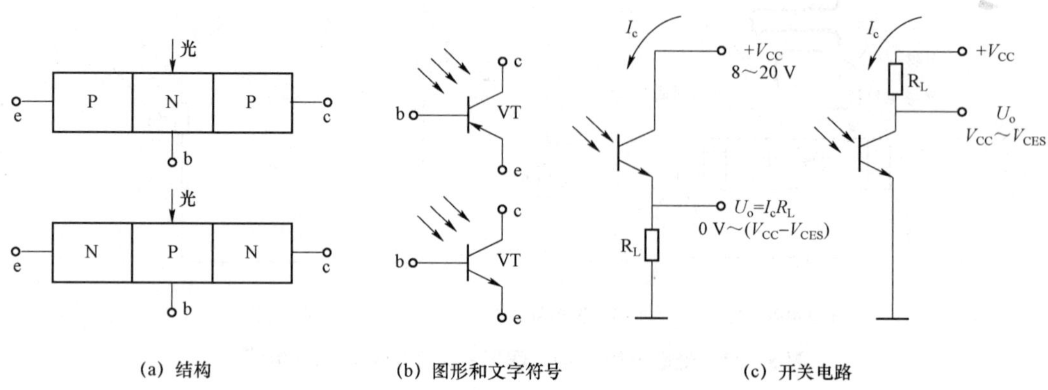

图 5-26 光敏三极管的结构、图形和文字符号及开关电路

6）光电池

光电池是一种自发式的光电元件，为有源器件。当光电池受到光照时，会产生一定方向的电动势，在测量时无须外接电源。

光电池的种类很多，有硒光电池、硅光电池、砷化镓光电池等。其中，硅光电池具有性能稳定、光谱范围广、频率特性好等优点，是应用最广的一种。

硅光电池的结构与图形符号如图 5-27 所示。硅光电池的结构很简单，核心部分是个大面积的 PN 结，即在 N 型硅片上用扩散的方法掺入一薄层 P 型杂质，从而形成了一个大面积的 PN 结。当光照射在硅光电池的 PN 结区时，会在半导体中激发出光生电子-空穴对。PN 结两边的光生电子-空穴对，在内电场的作用下，多数载流子不能穿越阻挡层，而少数载流子却能穿越阻挡层。结果，P 区的光生电子进入 N 区，N 区的光生空穴进入 P 区，使每个区中的光生电子-空穴对分割开来。光生电子在 N 区的集结使 N 区带负电，光生电子在 P 区的集结使 P 区带正电，从而使 P 区和 N 区之间产生光生电动势。当硅光电池接入负载后，光电流从 P 区经负载流向 N 区，负载中即得到功率输出。

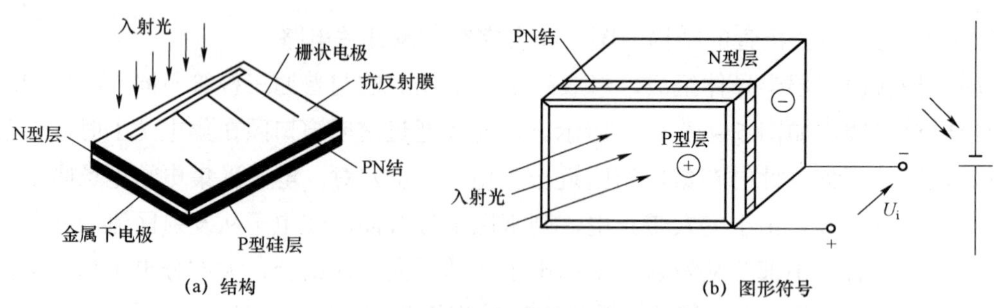

图 5-27 硅光电池的结构与图形符号

5.6.2　光电传感器的应用

1. 光电式转速传感器

光电式转速传感器的结构与工作原理示意图如图 5－28 所示。当带缝隙的光电编码转盘随被测轴转动时，由于转盘上的缝隙间距与指示缝隙相同，因此带缝隙的转盘每转一周，光接收器输出与之对应的电脉冲。根据测量时间内的脉冲数 N，就可测出转速为

$$n=60N/Zt$$

式中：Z——带缝隙转盘的缝隙数；

n——转速；

N——脉冲数；

t——测量时间。

电脉冲被送入测量电路进行放大和整形后，再送入频率计显示即可。

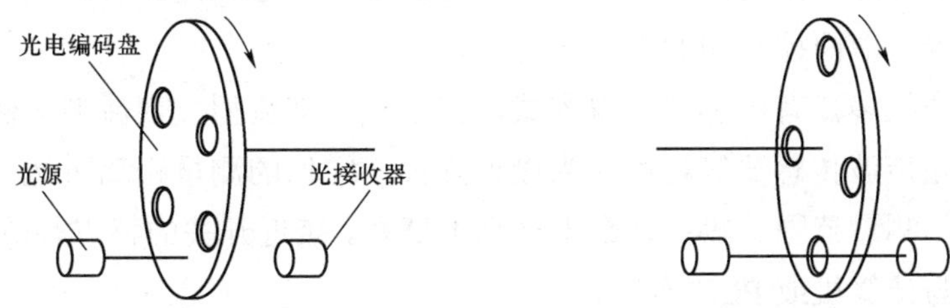

(a) 光线被遮住，光接收器无信号　　(b) 光线未被遮住，光接收器有信号

图 5－28　光电式转速传感器的结构与工作原理示意图

2. 光电耦合器

光电耦合器是由一发光元件和一光电元件同时封装在一个外壳内组合成的转换元件。光电耦合器有金属密封型和塑料密封型两种结构，如图 5－29 所示。

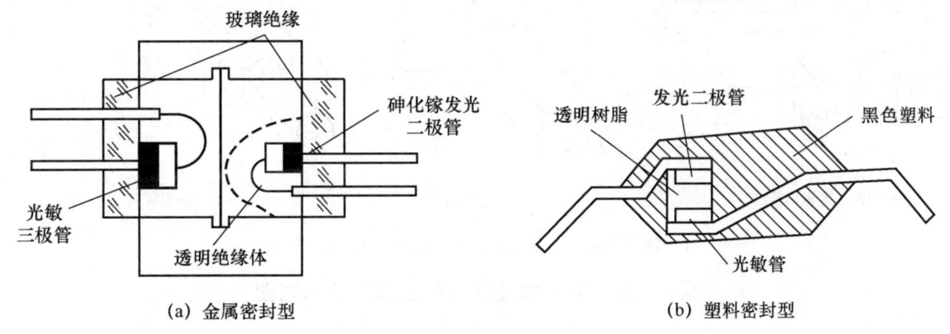

(a) 金属密封型　　(b) 塑料密封型

图 5－29　光电耦合器

金属密封型采用金属外壳和玻璃绝缘结构，其中心装片用环焊保证发光管和光敏管对准，

以提高灵敏度。塑料密封型采用直插式塑料封装结构，管芯先装于管脚上，中间再用透明树脂固定，具有聚光作用，这种结构灵敏度较高。

光电耦合器的发光元件常采用砷化镓发光二极管。当 PN 结外加正向电压时，引起载流子的相遇、复合而释放出能量，这种能量是以发光的形式表现出来的。

光电耦合器的工作原理是在输入端加电信号使发光元件发光，光的强度取决于激励电流的大小。此光照射到封装在一起的光电元件上后，因光电效应而产生电流，由光电元件输出端引出，实现了电—光—电的转换。光电耦合器可用于隔离电路、开关电路、逻辑电路等。

5.7 接近开关

可在一定距离内检测物体的有无，或者说对接近它的物体有“感知”能力的元件，称为接近开关。接近开关又称无触点行程开关，它既有行程开关和微动开关的作用，同时又具有传感性能，是一种非接触型的检测装置，可用于检测零件尺寸和测速等，也可用于变频计数器、变频脉冲发生器、液面控制和加工程序的自动衔接等。

接近开关的种类很多，有电感式、电容式、霍尔式、交流型、直流型。例如，光电传感器、霍尔传感器、超声波传感器等均可作为接近开关，它们的测量距离可达几米至几十米，而霍尔式接近开关的测量范围一般在几毫米至几十毫米。接近开关的特点是响应快、体积小、安装调整方便、易与计算机或 PLC 连接。

图 5－30 是霍尔式接近开关的工作原理示意图，霍尔式接近开关中的霍尔元件是一种磁敏元件。利用霍尔元件做成的开关也叫霍尔开关。

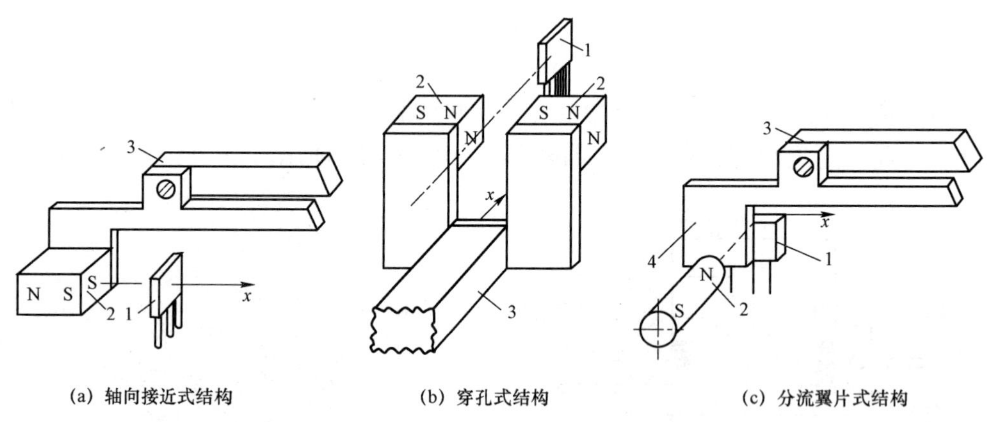

(a) 轴向接近式结构　　(b) 穿孔式结构　　(c) 分流翼片式结构

1—霍尔元件；2—磁铁；3—运动部件；4—软铁

图 5－30　霍尔式接近开关工作原理示意图

图 5－30（a）为轴向接近式结构，磁铁与霍尔元件在同一轴线上，当磁铁随运动物体移到距离霍尔元件几毫米时，霍尔元件输出由高电平变为低电平，经驱动电路使继电器吸合或

释放。图 5－30（b）为穿孔式结构，磁铁随运动物体沿 x 方向移动，霍尔元件从两块磁铁间滑过，当磁铁与霍尔元件的间距小于某一数值时，霍尔元件输出由高电平变为低电平。与图 5－30（a）不同的是，若运动物体继续向前移动，霍尔元件的输出又将恢复到高电平。图 5－30（c）为分流翼片式结构，软铁制作的分流翼片与运动部件联动，当它移动到磁铁与霍尔元件之间时，磁力线被分流，遮挡了磁场对霍尔元件的激励，霍尔元件输出高电平。

复习与思考 5

一、填空题

1. 传感器一般由__________元件、转换元件、转换电路和辅助电源四部分构成。
2. 磁电式传感器是利用__________原理将被测量转换为电信号的一种传感器。
3. 热电阻传感器主要用于__________℃以下的中、低温测量。
4. 磁电式速度传感器不需要辅助电源，要实现转速测量，只需对传感器输出的__________信号进行计数即可。
5. 城轨车辆牵引电机的转速是由安装在电机轴端的__________来进行检测的。

二、选择题

1. 传感器是一种__________装置。

   A. 保护　　B. 检测　　C. 控制

2. 将温度变化转换为__________值变化的传感器称为热电阻传感器。

   A. 电流　　B. 电压　　C. 电阻

3. 城轨车辆主回路工作电压为__________V。

   A. 1 000～1 800　　B. 1 000～1 900　　C. 1 200～1 900

4. 光电传感器的工作基础是__________效应。

   A. 电磁　　B. 霍尔　　C. 光电

三、简答题

1. 传感器在城市轨道交通车辆上主要有哪些应用？
2. 热电阻传感器和热电偶传感器有何区别？

参 考 文 献

［1］陈廷凤，廖海峰. 城市轨道交通车辆电器［M］. 2版. 成都：西南交通大学出版社，2016.

［2］华平，唐春林. 城市轨道交通车辆电气控制［M］. 2版. 北京：机械工业出版社，2014.

［3］王艳荣. 城市轨道交通车辆电气检修［M］. 2版. 上海：上海科学技术出版社，2015.

［4］冯晓，刘仲恕. 电机与电器控制［M］. 北京：机械工业出版社，2005.

［5］吴冰，张琳. 城市轨道交通车辆电器［M］. 2版. 北京：人民交通出版社，2018.

［6］郝云，梅晓莉. 传感器原理与应用［M］. 2版. 北京：电子工业出版社，2013.